Comment réussir sur les Réseaux Sociaux

Chapitre 1 : Comprendre les Plateformes

Dans ce premier chapitre, embarquons pour un voyage à travers les différentes dimensions des principales plateformes sociales. Explorez les subtilités qui font de Facebook un terrain fertile pour les publics plus matures, tandis qu'Instagram sert de toile de création visuelle. Décortiquez les particularités de Twitter en tant que hub d'actualités instantanées et plongez dans l'univers créatif de TikTok. Comprenez les tenants et aboutissants, les algorithmes, et les cultures spécifiques à chaque plateforme, formant ainsi la toile de fond de votre stratégie sociale.

Chapitre 2 : Définir Votre Public Cible

Dans ce chapitre, apprenez à sculpter votre public cible avec la précision d'un artiste. Développez des personas détaillées qui vont au-delà des simples statistiques démographiques, embrassant les aspirations, les défis et les passions de votre audience. Plongez dans les méandres psychologiques qui vous permettront de prédire et de répondre aux besoins de votre communauté, jetant ainsi les bases d'une connexion authentique.

Chapitre 3 : Établir des Objectifs Clair

Explorez la puissance des objectifs bien définis dans ce chapitre. Adoptez la méthodologie SMART pour transformer vos aspirations en jalons concrets. Découvrez comment ces objectifs deviennent les boussoles de votre parcours social, guidant la création de contenu, l'interaction avec votre audience, et la mesure de votre croissance au fil du temps.

Chapitre 4 : Créer un Contenu Captivant

Plongez dans l'art de captiver votre audience avec un contenu de qualité. Explorez les subtilités de la narration visuelle et textuelle qui transcendent la simple visibilité. Décortiquez les éléments qui font d'une image, d'une vidéo ou d'un message un aimant à engagement. Apprenez également à danser avec les tendances, restant ainsi à lavant-garde du paysage changeant des réseaux sociaux.

Chapitre 5 :Consistance dans la Publication

Explorez la consistance comme une pierre angulaire de votre présence sur les réseaux sociaux. Plongez dans la création d'un calendrier de publication stratégique qui fusionne régularité et variété. Découvrez comment maintenir une présence constante, établissant ainsi une confiance continue avec votre audience. La consistance devient votre alliée dans la construction d'une marque durable.

Chapitre 6 : Engager Votre Audience

Dans ce chapitre, plongeons dans l'art subtil de l'engagement sur les réseaux sociaux. Explorez des stratégies pour stimuler la participation de votre audience, que ce soit à travers des concours, des sondages ou des questions ouvertes. Découvrez comment répondre aux commentaires et messages de manière authentique, créant ainsi une conversation plutôt qu'une simple diffusion unilatérale de contenu. Apprenez à transformer vos abonnés en une communauté active et impliquée.

Chapitre 7 : Analyser et Ajuster

Explorez le monde des données dans ce chapitre. Découvrez comment les analyses de données peuvent éclairer votre compréhension des performances sur les réseaux sociaux. Plongez dans les métriques clés telles que la portée, l'engagement et les conversions. Apprenez à interpréter ces données pour ajuster votre stratégie en temps réel, évoluant ainsi avec les besoins et les préférences changeants de votre audience.

Chapitre 8 : Utiliser les Publicités de

Manière Stratégique

Décortiquez l'univers des publicités sur les réseaux sociaux dans ce chapitre. Explorez les différentes options publicitaires disponibles sur des plateformes telles que Facebook, Instagram et LinkedIn. Apprenez à cibler efficacement votre audience, à créer des annonces engageantes et à mesurer le retour sur investissement de vos campagnes publicitaires. La publicité devient un outil puissant pour amplifier votre présence.

Chapitre 9 : Gérer les Controverses et les Critiques

Affrontez les défis potentiels avec confiance dans ce chapitre. Découvrez comment naviguer dans les situations controversées et répondre aux critiques de manière constructive. Apprenez à transformer les moments difficiles en opportunités d'apprentissage et à renforcer la confiance de votre audience en démontrant une gestion transparente et efficace des problèmes.

Chapitre 10 : Évoluer avec les Tendances

Concluons avec l'importance d'évoluer constamment dans le paysage dynamique des réseaux sociaux. Explorez comment rester à l'affût des tendances émergentes, ajustant ainsi votre stratégie pour rester pertinent. Comprenez l'équilibre délicat entre la stabilité de votre marque et l'adaptabilité nécessaire pour prospérer dans un environnement en constante évolution.

Chapitre 11 : Cultiver une Marque

Personnelle Puissante

Explorez le pouvoir d'une marque personnelle solide dans ce chapitre. Découvrez comment votre présence en ligne peut devenir une extension authentique de votre identité. Plongez dans les éléments clés de la construction d'une image cohérente, du choix de la palette de couleurs à la tonalité du langage. Apprenez à aligner votre présence sur les réseaux sociaux avec les valeurs et la mission de votre marque personnelle.

Chapitre 12 : Collaborer et Réseauter

Décortiquez l'art de la collaboration dans ce chapitre. Explorez comment les partenariats avec d'autres utilisateurs, marques ou influenceurs peuvent amplifier votre portée et enrichir votre contenu. Apprenez à établir des relations solides et mutuellement bénéfiques, développant ainsi un réseau qui contribue à la croissance constante de votre présence sur les réseaux sociaux.

Chapitre 13 : La Puissance du Storytelling

Explorez la narration puissante dans ce chapitre. Découvrez comment raconter des histoires authentiques peut captiver votre audience et créer des connexions émotionnelles durables. Plongez dans les éléments clés du storytelling, des débuts accrocheurs aux conclusions mémorables, et apprenez à utiliser cette technique pour humaniser votre présence en ligne.

Chapitre 14 : L'Éthique sur les Réseaux Sociaux

Plongez dans les questions éthiques liées à votre présence en ligne dans ce chapitre. Explorez les responsabilités associées à l'influence et à la visibilité sur les réseaux sociaux. Apprenez à naviguer dans des questions telles que l'utilisation des données, la transparence et l'impact social de votre contenu. Comprenez comment une approche éthique renforce la confiance de votre audience.

Chapitre 15 : La Durabilité Numérique

Concluons avec un regard sur la durabilité numérique. Explorez comment maintenir une présence en ligne saine et équilibrée. Découvrez des stratégies pour gérer le temps passé sur les réseaux sociaux, éviter l'épuisement et cultiver une approche durable à long terme. Comprenez l'importance de protéger votre bien-être tout en prospérant dans le monde numérique.

Chapitre 16 : La Vidéo, Pivot de Contenu

Décortiquez l'importance croissante de la vidéo dans le paysage des réseaux sociaux. Explorez des stratégies pour créer des vidéos engageantes, des formats en direct aux histoires éphémères. Découvrez comment la vidéo peut devenir votre outil le plus puissant pour communiquer et connecter avec votre audience.

Chapitre 17 : La Gestion des Crises sur les Réseaux Sociaux

Explorez les tactiques pour faire face aux situations de crise en ligne. Apprenez à gérer les commentaires négatifs, les bad buzz et les erreurs de communication. La gestion des crises devient un élément essentiel de la navigation réussie sur les réseaux sociaux.

Chapitre 18 : Monétiser Votre Présence en Ligne

Découvrez les différentes méthodes pour tirer profit de votre présence sur les réseaux sociaux. Explorez les programmes d'affiliation, la vente de produits, les collaborations payantes et d'autres stratégies pour transformer votre passion en une source de revenus.

Chapitre 19 : L'Évolution des Algorithmes et l'Adaptabilité

Plongez dans le monde complexe des algorithmes sociaux. Explorez comment les changements algorithmiques affectent la visibilité de votre contenu. Apprenez à rester adaptable, ajustant constamment votre stratégie pour rester en phase avec les évolutions des algorithmes.

Chapitre 20 : La Localisation sur les Réseaux Sociaux

Explorez les avantages de la personnalisation géographique. Découvrez comment adapter votre contenu pour des publics locaux spécifiques. Plongez dans l'importance de la localisation pour les entreprises et les influenceurs cherchant à construire des connexions plus profondes avec leur audience.

Chapitre 21 : La Psychologie derrière l'Engagement

Décortiquez les aspects psychologiques qui sous-tendent l'engagement sur les réseaux sociaux. Explorez des stratégies pour stimuler des réponses émotionnelles, construire des relations plus fortes, et comprendre les motivations de votre audience.

Chapitre 22 : La Diversification des Contenus

Explorez la diversification comme stratégie clé. Découvrez comment varier vos types de contenu pour maintenir l'intérêt de votre audience. Plongez dans la création de podcasts, de blogs, de graphiques infographiques et d'autres formats pour enrichir votre présence en ligne.

Chapitre 23 : Les Événements en Direct et les Q&R

Explorez les avantages des événements en direct et des sessions de questions-réponses. Découvrez comment ces formats renforcent l'interaction en temps réel avec votre audience, créant une expérience plus immersive et personnelle.

Chapitre 24 : L'Intégration des Valeurs de Marque dans le Contenu

Découvrez comment intégrer les valeurs de votre marque dans votre contenu de manière organique. Explorez la narration centrée sur les valeurs, l'activisme social et l'alignement éthique pour renforcer la connexion entre votre audience et votre marque.

Chapitre 25 : La Prévention du Burnout Numérique

Explorez des stratégies pour prévenir le burnout numérique. Découvrez comment maintenir un équilibre sain entre votre vie en ligne et hors ligne. Plongez dans la gestion du temps et la préservation de votre bien-être mental dans un monde constamment connecté.

Chapitre 26 : L'Expérience Utilisateur sur les Réseaux Sociaux

Explorez en profondeur l'importance de l'expérience utilisateur (UX) dans votre présence en ligne. Découvrez comment rendre l'interaction avec votre contenu fluide, intuitive et agréable. Plongez dans la conception visuelle, la navigation conviviale et la réactivité pour créer une expérience utilisateur mémorable.

Chapitre 27 : L'Influence Positive et l'Impact Social

Décortiquez le rôle de l'influence sociale positive dans votre parcours en ligne. Explorez comment votre présence peut inspirer, éduquer et créer un impact positif dans la vie de votre audience. Découvrez comment l'influence peut être un catalyseur pour le changement social et le progrès.

Chapitre 28 : L'Importance de la Créativité et de l'Innovation

Explorez comment la créativité et l'innovation sont des moteurs puissants de réussite sur les réseaux sociaux. Découvrez comment sortir des sentiers battus, expérimenter de nouvelles idées et repousser les limites de la créativité peut différencier votre présence en ligne.

Chapitre 29 : La Gestion du Temps et de l'Énergie

Découvrez des stratégies pratiques pour gérer efficacement votre temps et votre énergie sur les réseaux sociaux. Plongez dans la planification, la priorisation et la définition de limites saines pour éviter l'épuisement. Apprenez à maximiser votre productivité tout en maintenant une présence en ligne robuste.

Chapitre 30 : Les Podcasts, une Puissante Voie d'Expression

Explorez le monde des podcasts comme une avenue de contenu puissante. Découvrez comment les podcasts peuvent ajouter une dimension nouvelle à votre présence, permettant des discussions approfondies et des connexions authentiques avec votre audience.

Chapitre 31 : La Réalité Augmentée et Virtuelle sur les Réseaux Sociaux

Décortiquez les tendances émergentes de la réalité augmentée (RA) et virtuelle (RV) sur les réseaux sociaux. Explorez comment ces technologies révolutionnaires peuvent transformer l'engagement en ligne, offrant des expériences uniques et immersives à votre audience.

Chapitre 32 : La Collaboration avec des Causes Sociales

Explorez comment la collaboration avec des causes sociales peut renforcer votre impact en ligne. Découvrez comment soutenir des initiatives philanthropiques et sociales peut non seulement créer une différence positive, mais aussi renforcer la connexion entre votre marque et votre audience.

Chapitre 33 : La Personnalisation de l'Interaction

Découvrez comment personnaliser l'interaction avec votre audience. Explorez des stratégies pour répondre individuellement aux commentaires, messages et réactions, renforçant ainsi les liens personnels et l'engagement.

Chapitre 34 : Les Défis et Opportunités des Réseaux Sociaux en Évolution

Explorez les défis et opportunités liés à l'évolution constante des réseaux sociaux. Découvrez comment anticiper et naviguer avec succès à travers les changements, transformant les défis en opportunités de croissance.

Chapitre 35 : La Projection à Long Terme et l'Héritage Numérique

Concluons avec la projection à long terme de votre présence en ligne. Explorez la construction d'un héritage numérique durable, où votre impact et votre influence continuent bien au-delà du moment présent. Plongez dans la stratégie à long terme pour une réussite pérenne.

Chapitre 36 : La Dynamique des Groupes et Communautés

Explorez la création, la gestion et la participation aux groupes et communautés sur les réseaux sociaux. Découvrez comment ces espaces spécifiques peuvent favoriser des interactions plus profondes et un sentiment d'appartenance. Plongez dans les avantages de cultiver des micro-communautés au sein de votre audience.

Chapitre 37 : L'Évolution des Tendances de Consommation de Contenu

Décortiquez comment les tendances de consommation de contenu évoluent sur les réseaux sociaux. Explorez l'impact croissant du contenu éphémère, des stories et des formats interactifs. Apprenez à anticiper et à adapter votre stratégie pour rester pertinent dans un paysage de consommation de contenu en constante mutation.

Chapitre 38 : La Gestion de la Réputation en Ligne

Explorez la gestion proactive de votre réputation en ligne dans ce chapitre. Découvrez comment construire et maintenir une image positive. Plongez dans des stratégies pour répondre aux critiques, gérer les situations délicates et préserver l'intégrité de votre présence en ligne.

Chapitre 39 : L'Accessibilité et l'Inclusion sur les Réseaux Sociaux

Découvrez l'importance de l'accessibilité et de l'inclusion dans votre présence en ligne. Explorez des pratiques pour rendre votre contenu accessible à tous, en tenant compte des besoins spécifiques de divers publics. Apprenez à créer un espace en ligne accueillant et inclusif.

Chapitre 40 : La Création de Contenu Éducatif et Informatif

Explorez la création de contenu éducatif et informatif comme un moyen puissant d'ajouter de la valeur à votre audience. Découvrez comment partager des connaissances, des conseils et des informations pertinentes peut renforcer votre position en tant qu'expert dans votre domaine et favoriser une relation de confiance avec votre audience.

Chapitre 41 : La Gestion des Dérives de Contenu

Décortiquez la gestion des dérives de contenu sur les réseaux sociaux. Explorez des stratégies pour éviter la désinformation, la controverse et les problèmes de réputation. Apprenez à établir des directives claires pour votre contenu et à naviguer dans des sujets potentiellement sensibles de manière responsable.

Chapitre 42 : La Collaboration avec des Créateurs de Contenu

Explorez la collaboration avec d'autres créateurs de contenu. Découvrez comment ces partenariats peuvent amplifier votre portée et introduire votre contenu à de nouveaux publics. Plongez dans la création de synergies avec d'autres créatifs pour une croissance mutuelle.

Chapitre 43 : La Gestion de l'Évolution de Votre Marque Personnelle

Décortiquez la gestion de l'évolution de votre marque personnelle. Explorez comment ajuster votre image en fonction de l'évolution de votre vie, de vos intérêts et de votre carrière. Apprenez à rester authentique tout en permettant à votre marque de se développer organiquement.

Chapitre 44 : La Valorisation de la Créativité Locale et Culturelle

Explorez comment intégrer la créativité locale et culturelle dans votre contenu. Découvrez comment célébrer la diversité et refléter la richesse culturelle peut créer des connexions plus profondes avec une audience mondiale.

Chapitre 45 : L'Auto-Évaluation et l'Évolution Continue

Concluons avec l'importance de l'auto-évaluation et de l'évolution continue. Explorez comment un examen régulier de votre présence en ligne, de vos objectifs et de votre stratégie peut conduire à une croissance continue et à une adaptation constante pour rester en phase avec votre évolution personnelle et professionnelle.

Chapitre 46 : L'Innovation Technologique et les Réseaux Sociaux

Explorez le rôle central de l'innovation technologique dans le paysage des réseaux sociaux. Découvrez comment les nouvelles technologies telles que l'intelligence artificielle, la réalité virtuelle et les interfaces utilisateur évoluées redéfinissent l'expérience sur les plateformes sociales. Plongez dans la manière dont votre présence en ligne peut embrasser ces avancées pour rester à la pointe de la technologie.

Chapitre 47 : La Gestion du Multimédia

Explorez la gestion efficace de différents formats multimédias sur les réseaux sociaux. Découvrez comment intégrer harmonieusement des images, des vidéos, des infographies et d'autres éléments visuels pour enrichir votre contenu.

Chapitre 48 : L'Impact des Événements Mondiaux sur le Contenu

Décortiquez comment les événements mondiaux peuvent influencer la création de contenu. Explorez des stratégies pour naviguer dans des contextes changeants et maintenir une présence en ligne pertinente et respectueuse.

Chapitre 49 : La Navigation dans les Politiques de Contenu

Explorez les politiques de contenu sur différentes plateformes. Découvrez comment comprendre et respecter ces règles tout en créant un contenu dynamique et engageant.

Chapitre 50 : La Création de Campagnes Hashtag Réussies

Plongez dans l'art de créer des campagnes hashtag percutantes. Découvrez comment utiliser les hashtags de manière stratégique pour accroître la visibilité, encourager la participation et renforcer la cohésion de la communauté.

Chapitre 51 : La Gestion de la Confidentialité et de la Sécurité

Explorez des pratiques essentielles pour garantir la confidentialité et la sécurité sur les réseaux sociaux. Découvrez comment protéger vos informations tout en cultivant une présence transparente.

Chapitre 52 : La Connectivité avec d'Autres Plateformes

Décortiquez la stratégie de connectivité entre différentes plateformes sociales. Explorez comment synchroniser vos efforts sur plusieurs canaux pour maximiser la portée et l'engagement.

Chapitre 53 : La Création de Tutoriels et Guides Pratiques

Explorez la création de tutoriels et de guides pratiques comme moyen de fournir une valeur ajoutée à votre audience. Découvrez comment partager vos compétences et connaissances peut renforcer la confiance et l'engagement.

Chapitre 54 : L'Adaptation aux Changements d'Algorithme

Plongez dans la nécessité d'adaptation face aux changements d'algorithme. Explorez des stratégies pour anticiper et ajuster votre approche en fonction des mises à jour algorithmiques sur les différentes plateformes.

Chapitre 55 : La Monétisation Éthique sur les Réseaux Sociaux

Décortiquez la monétisation éthique de votre présence en ligne. Explorez des modèles de revenus qui alignent les intérêts financiers avec les valeurs de votre audience tout en préservant l'intégrité de votre contenu.

Chapitre 56 : La Gestion de Campagnes de Contenus à Grande Échelle

Explorez les nuances de la gestion de campagnes de contenu à grande échelle. Découvrez comment orchestrer des initiatives massives tout en maintenant la qualité et la cohérence de votre message.

Chapitre 57 : La Création de Communautés Virtuelles

Décortiquez la création et la gestion de communautés virtuelles. Explorez comment construire des espaces en ligne inclusifs et engageants pour cultiver des relations authentiques avec votre audience.

Chapitre 58 : La Valorisation de la Rétroaction et des Critiques Constructives

Explorez la manière de valoriser la rétroaction et les critiques constructives. Découvrez comment transformer ces commentaires en opportunités d'amélioration et de croissance.

Chapitre 59 : La Collaboration avec des Experts du Secteur

Plongez dans les avantages de collaborer avec des experts du secteur. Explorez comment ces partenariats peuvent renforcer votre crédibilité et apporter une expertise supplémentaire à votre contenu.

Chapitre 60 : La Création de Contenu Émotionnellement Impactant

Explorez les techniques pour créer un contenu émotionnellement impactant. Découvrez comment susciter des réponses émotionnelles peut renforcer la connexion avec votre audience.

Chapitre 61 : L'Utilisation Stratégique des Stories Éphémères

Décortiquez l'utilisation stratégique des stories éphémères. Explorez comment ces formats temporaires peuvent ajouter une couche d'authenticité à votre présence en ligne.

Chapitre 62 : La Réutilisation Créative de Contenu

Explorez des stratégies pour la réutilisation créative de contenu. Découvrez comment maximiser l'impact de votre contenu existant en le réadaptant pour différents formats et plateformes.

Chapitre 63 : L'Exploration de Nouvelles Plateformes Émergentes

Plongez dans l'exploration de nouvelles plateformes émergentes. Découvrez comment être à l'avant-garde en testant et en adoptant de nouvelles plateformes peut vous donner un avantage compétitif.

Chapitre 64 : La Création de Campagnes d'Engagement Interactives

Explorez la conception de campagnes d'engagement interactives pour dynamiser votre présence en ligne. Découvrez comment impliquer activement votre audience à travers des concours, des quiz, des sondages et d'autres mécanismes interactifs. Plongez dans la construction d'une communauté participative qui favorise l'engagement et renforce la connexion avec votre contenu.

Chapitre 65 : L'Éthique dans les Partenariats et les Collaborations

Décortiquez l'éthique dans les partenariats et collaborations en ligne. Explorez comment choisir des partenariats alignés avec vos valeurs et maintenir des normes éthiques tout au long du processus. Découvrez comment ces collaborations peuvent être mutuellement bénéfiques tout en préservant l'intégrité de votre présence en ligne.

Chapitre 66 : La Création de Contenu Adapté aux Différents Publics

Explorez la création de contenu adapté à des publics variés. Découvrez comment personnaliser votre message en fonction des caractéristiques démographiques, des intérêts et des préférences de votre audience. Plongez dans la compréhension fine des différents segments de votre communauté.

Chapitre 67 : La Réflexion sur les Échecs et les Apprentissages

Plongez dans la réflexion sur les échecs et les apprentissages dans votre parcours sur les réseaux sociaux. Explorez comment chaque défi peut être une occasion d'apprentissage. Découvrez comment la résilience et l'adaptabilité sont des compétences clés pour surmonter les difficultés et évoluer.

Chapitre 68 : La Valorisation de l'Authenticité dans le Contenu

Explorez l'importance de l'authenticité dans la création de contenu. Découvrez comment être vrai et transparent peut établir une connexion plus profonde avec votre audience. Plongez dans la création d'un espace où l'authenticité est valorisée.

Chapitre 69 : La Gestion des Périodes de Baisse de Motivation

Décortiquez la gestion des périodes de baisse de motivation dans votre parcours sur les réseaux sociaux. Explorez des stratégies pour surmonter le découragement, rester inspiré et maintenir une présence en ligne positive et énergique.

Chapitre 70 : L'Exploration de Nouvelles Formes de Contenu

Explorez la diversification de votre contenu à travers de nouvelles formes créatives. Découvrez comment expérimenter avec des formats tels que les infographies interactives, les vidéos à 360 degrés ou les expériences immersives peut captiver votre audience d'une manière nouvelle et innovante.

Chapitre 71 : La Responsabilité Sociale des Créateurs de Contenu

Décortiquez la responsabilité sociale des créateurs de contenu. Explorez comment votre présence en ligne peut avoir un impact social et comment vous pouvez contribuer positivement à des causes importantes.

Chapitre 72 : L'Équilibre Entre la Vie en Ligne et Hors Ligne

Plongez dans l'équilibre délicat entre la vie en ligne et hors ligne. Explorez des stratégies pour maintenir une présence robuste sur les réseaux sociaux tout en préservant votre bien-être, vos relations et votre vie personnelle.

Chapitre 73 : L'Utilisation Stratégique des Analytics et des Données

Explorez l'utilisation stratégique des analyses et des données pour affiner votre stratégie. Découvrez comment interpréter les données analytiques pour comprendre le comportement de votre audience, ajuster vos tactiques et maximiser l'efficacité de votre présence en ligne.

Chapitre 74 : La Création de Contenu Evergreen

Découvrez l'importance de la création de contenu evergreen, intemporel et durable. Explorez comment concevoir du contenu qui reste pertinent au fil du temps, générant un engagement continu et contribuant à la pérennité de votre présence en ligne.

Chapitre 75 : La Stratégie de Contenu sur le Long Terme

Explorez une stratégie de contenu à long terme. Découvrez comment planifier et créer du contenu qui s'inscrit dans une vision à long terme, contribuant à la croissance soutenue de votre audience et de votre influence.

Chapitre 76 : La Gestion de la Diversité et de l'Inclusion

Dans ce chapitre, nous plongerons dans la gestion de la diversité et de l'inclusion dans votre présence en ligne. Explorez les stratégies pour créer un espace accueillant, où des voix diverses sont non seulement entendues mais valorisées. Découvrez comment la représentation équitable au sein de votre audience peut renforcer la richesse de vos interactions en ligne. En mettant l'accent sur l'inclusion, vous pouvez créer une communauté plus forte et plus dynamique.

Chapitre 77 : La Stratégie de Contenu Évolutif

Élaborer une stratégie de contenu évolutif est essentiel pour rester pertinent au fil du temps. Plongez dans les détails de la flexibilité éditoriale, de l'adaptabilité aux changements de tendances et de la création d'un contenu qui résiste à l'épreuve du temps. Une approche dynamique garantit que votre présence en ligne reste vibrante et en phase avec les évolutions du paysage numérique.

Chapitre 78 : La Narration Visuelle Efficace

Explorez l'art puissant de la narration visuelle. Découvrez comment sélectionner et utiliser des éléments graphiques peut renforcer vos récits, captiver votre audience et ajouter une dimension visuelle à votre présence en ligne. Des images aux infographies, maîtriser la narration visuelle est un atout inestimable pour tout créateur de contenu.

Chapitre 79 : Les Sessions de Questions en Direct

Décortiquez les avantages des sessions de questions-réponses en direct. Apprenez à les intégrer stratégiquement pour stimuler l'interaction avec votre audience, répondre en temps réel à leurs préoccupations et construire une connexion authentique. Les sessions en direct offrent une opportunité unique de renforcer l'engagement et de personnaliser votre interaction avec votre communauté.

Chapitre 80 : L'Optimisation des Profils Sociaux

Plongez dans l'optimisation minutieuse de vos profils sociaux sur différentes plateformes. Découvrez comment maximiser votre visibilité en peaufinant les éléments clés de vos profils, de la photo de profil aux descriptions. Une présence en ligne optimisée garantit une première impression forte et cohérente.

Chapitre 81 : La Création de Connexions Humaines

Explorez comment créer des connexions authentiques en ligne. Focalisez sur la transparence, l'empathie et la compréhension mutuelle pour construire des relations significatives avec votre audience. En mettant l'accent sur l'aspect humain, votre présence en ligne devient non seulement informative mais également enrichissante sur le plan émotionnel.

Chapitre 82 : La Planification Éditoriale Avancée

Découvrez des techniques avancées de planification éditoriale. Maintenir une cohérence de contenu tout en répondant aux besoins changeants de votre audience demande une planification stratégique. Explorez des méthodes avancées pour anticiper, réagir et maintenir une présence en ligne dynamique.

Chapitre 83 : La Création de Contenu Interactif

Explorez la création de contenu interactif pour encourager la participation active de votre audience et renforcer l'engagement. Des sondages interactifs aux quiz, découvrez comment dynamiser votre contenu pour susciter l'intérêt et favoriser une interaction significative.

Chapitre 84 : L'Équilibre entre Promotion et Valeur Ajoutée

Décortiquez l'équilibre délicat entre promouvoir votre contenu et apporter une réelle valeur ajoutée à votre audience. Explorez des stratégies pour éviter la sur-promotion tout en fournissant un contenu significatif qui résonne avec votre audience.

Chapitre 85 : L'Exploration des Méthodes Narratives

Découvrez différentes méthodes narratives pour raconter des histoires captivantes. Explorez comment utiliser différentes approches narratives pour construire des récits qui captivent et capturent l'imagination de votre audience.

Chapitre 86 : La Gestion de la Négativité en Ligne

Explorez des stratégies efficaces pour gérer la négativité en ligne de manière constructive. Plongez dans des tactiques pour répondre avec empathie, gérer les critiques de manière professionnelle et transformer les commentaires négatifs en opportunités d'amélioration.

Chapitre 87 : La Collaboration avec des Marques

Plongez dans les collaborations avec des marques. Apprenez à sélectionner des partenariats alignés avec votre image et les intérêts de votre audience. Explorez comment construire des relations de collaboration mutuellement bénéfiques qui renforcent votre crédibilité et élargissent votre portée.

Chapitre 88 : La Création de Contenu Éducatif en Divertissant

Explorez la fusion de l'éducation et du divertissement dans votre contenu. Plongez dans des méthodes créatives pour rendre l'apprentissage non seulement informatif mais aussi agréable. Découvrez comment l'intégration subtile de l'éducation dans un contexte divertissant peut captiver votre audience et renforcer l'impact de votre message.

Chapitre 89 : La Stratégie de Contenu pour Différents Fuseaux Horaires

Explorez des stratégies pour gérer et planifier votre contenu de manière efficace, tenant compte des fuseaux horaires variés de votre audience mondiale. Découvrez comment synchroniser vos publications pour maximiser la portée et l'engagement à travers différents horaires, garantissant une interaction continue avec votre public diversifié.

Chapitre 90 : L'Utilisation Stratégique des Tendances Virales

Décortiquez comment intégrer les tendances virales de manière stratégique pour accroître la visibilité de votre contenu. Explorez les mécanismes derrière les tendances virales, apprenez à les identifier et à les utiliser pour votre avantage. Plongez dans des études de cas pour comprendre comment d'autres créateurs ont capitalisé sur des tendances éphémères.

Chapitre 91 : L'Établissement de Normes de Communauté

Explorez l'importance d'établir des normes de communauté claires pour créer un espace en ligne respectueux et bienveillant. Découvrez comment définir des attentes claires en matière de comportement encourage non seulement le respect mutuel, mais contribue également à la construction d'une communauté solide et positive.

Chapitre 92 : La Diversification des Types de Médias

Découvrez comment diversifier vos types de médias, des articles écrits aux vidéos, pour répondre aux préférences variées de votre audience. Plongez dans les avantages de l'utilisation de différents formats pour transmettre votre message, maximisant ainsi l'impact de votre contenu.

Chapitre 93 : La Création de Contenu Collaboratif

Explorez la création de contenu collaboratif en travaillant avec d'autres créateurs pour élargir votre portée et apporter de nouvelles perspectives. Découvrez comment les collaborations peuvent injecter de la variété et de l'excitation dans votre contenu, tout en favorisant une communauté plus étendue et interconnectée.

Chapitre 94 : La Gestion des Changements de Marque

Décortiquez la gestion des changements de marque en ligne et apprenez à communiquer efficacement les évolutions à votre audience. Explorez des étapes stratégiques pour naviguer avec succès à travers les transitions, en maintenant la confiance et l'intérêt de votre audience.

Chapitre 95 : L'Humanisation de Votre Marque Personnelle

Explorez comment humaniser votre marque personnelle en partageant des aspects personnels de votre vie et en construisant une connexion plus profonde avec votre audience. Découvrez comment montrer votre authenticité et votre côté humain renforce la confiance et favorise des relations plus significatives.

Chapitre 96 : La Promotion de l'Innovation dans le Contenu

Découvrez comment promouvoir l'innovation dans votre contenu en expérimentant de nouvelles idées et en repoussant les limites créatives. Plongez dans des méthodes pour stimuler la créativité, explorer de nouveaux formats et garder votre contenu frais et captivant.

Chapitre 97 : La Préparation aux Événements Importants

Explorez la préparation aux événements importants en ligne, des lancements de produits aux célébrations spéciales, pour maximiser l'impact de votre présence. Découvrez comment planifier minutieusement et exécuter avec succès des moments clés peut renforcer la notoriété de votre marque et stimuler l'engagement de votre audience.

Chapitre 98 : La Réutilisation Stratégique de Contenu Ancien

Décortiquez la réutilisation stratégique de contenu ancien en le mettant à jour et en le repackaging pour répondre aux normes actuelles. Explorez comment maximiser l'efficacité de votre contenu existant, en lui donnant une nouvelle vie tout en respectant les tendances actuelles et les besoins de votre audience.

Chapitre 99 : La Navigation des Défis Technologiques

Dans ce chapitre, nous explorerons la navigation des défis technologiques dans le monde des réseaux sociaux. Analysez les mises à jour algorithmiques, les évolutions des plateformes et les tendances technologiques émergentes. Plongez dans des stratégies pour comprendre et anticiper ces changements, garantissant ainsi une adaptation efficace et une présence en ligne pérenne.

Chapitre 100 : La Création d'une Marque Cohérente

Dans ce chapitre, nous plongerons profondément dans l'art de bâtir une marque cohérente sur les réseaux sociaux. Explorez les éléments clés de l'identité de votre marque, de la palette visuelle à la voix distinctive. Découvrez comment une cohérence bien pensée renforce la reconnaissance de votre marque et établit une connexion durable avec votre audience.

Chapitre 101 : L'Analyse des Tendances du Marché

Décortiquons l'importance cruciale de l'analyse des tendances du marché dans votre stratégie sur les réseaux sociaux. Explorez comment anticiper les évolutions du marché peut guider vos choix éditoriaux et maintenir votre pertinence dans un paysage numérique en constante évolution.

Chapitre 102 : L'Impact de l'Audio sur les Réseaux Sociaux

Plongez dans l'impact grandissant de l'audio sur les réseaux sociaux. Explorez les opportunités offertes par les podcasts, les salons audio et d'autres formats audio pour élargir votre portée. Découvrez comment intégrer habilement l'audio peut diversifier votre contenu et engager votre audience d'une manière nouvelle.

Chapitre 103 : La Gestion de Crises en Ligne

Explorez des tactiques pour gérer les crises en ligne de manière professionnelle et réactive. Découvrez comment une gestion habile des situations difficiles peut préserver votre réputation en ligne et renforcer la confiance de votre audience. Plongez dans des études de cas pour comprendre les meilleures pratiques lors de la gestion des crises.

Chapitre 104 : La Monétisation Créative

Explorez des approches créatives pour la monétisation de votre présence en ligne. Découvrez des modèles économiques innovants et éthiques qui vont au-delà des méthodes traditionnelles. Plongez dans les stratégies pour rentabiliser votre contenu tout en fournissant une valeur significative à votre audience.

Chapitre 105 : La Collaboration Interdisciplinaire

Plongez dans les avantages de la collaboration interdisciplinaire sur les réseaux sociaux. Explorez comment travailler avec des professionnels d'autres domaines peut enrichir votre contenu et élargir votre audience. Découvrez des exemples inspirants de collaborations réussies et apprenez à tirer parti des compétences diverses.

Chapitre 106 : La Narration à Long Terme

Explorez l'art captivant de la narration à long terme sur les réseaux sociaux. Découvrez comment construire des arcs narratifs complexes qui se déploient au fil du temps peut maintenir l'intérêt et l'engagement de votre audience sur la durée. Plongez dans des techniques narratives pour captiver votre public à chaque étape de votre histoire.

Chapitre 107 : L'Évaluation Continue de la Stratégie

Décortiquez l'importance de l'évaluation continue de votre stratégie sur les réseaux sociaux. Explorez comment analyser régulièrement les résultats de votre contenu peut informer des ajustements stratégiques et maximiser l'efficacité de votre présence en ligne. Apprenez à utiliser les données analytiques de manière proactive pour optimiser vos performances.

Chapitre 108 : L'Influence de la Géopolitique

Explorez l'influence de la géopolitique sur les réseaux sociaux. Découvrez comment comprendre les dynamiques mondiales peut affecter votre contenu et votre audience. Plongez dans des cas pratiques pour naviguer avec succès dans un environnement mondial en constante évolution tout en maintenant l'authenticité de votre présence en ligne.

Chapitre 109 : La Gestion de Projets Multiplateformes

Découvrez des stratégies pour gérer efficacement des projets multiplateformes sur les réseaux sociaux. Explorez comment synchroniser vos efforts sur différentes plateformes peut maximiser l'impact de votre contenu et renforcer la cohérence de votre message à travers divers canaux.

Chapitre 110 : Les Évolutions de la Consommation de Contenu

Plongez dans les évolutions de la consommation de contenu en ligne. Explorez les tendances émergentes de consommation de médias sociaux et ajustez votre stratégie en conséquence. Découvrez comment rester à l'avant-garde des préférences de votre audience peut maintenir votre pertinence et stimuler l'engagement.

Chapitre 111 : La Psychologie de l'Engagement

Explorez la psychologie de l'engagement sur les réseaux sociaux. Découvrez comment comprendre les motivations profondes de votre audience peut orienter votre stratégie de contenu. Plongez dans les principes psychologiques qui sous-tendent l'interaction en ligne et apprenez à créer un contenu qui résonne émotionnellement.

Chapitre 112 : La Gestion des Attentes de l'Audience

Décortiquez la gestion des attentes de l'audience sur les réseaux sociaux. Explorez comment établir des attentes claires et les dépasser peut renforcer la fidélité de votre audience. Apprenez à communiquer efficacement vos objectifs et à construire une relation de confiance durable.

Chapitre 113 : Les Enjeux Éthiques du Contenu en Ligne

Explorez les nuances complexes des enjeux éthiques du contenu en ligne. Plongez dans la réflexion sur la désinformation et la responsabilité journalistique. Découvrez des stratégies pour maintenir une présence en ligne éthique, en veillant à ce que votre contenu respecte les normes éthiques et contribue positivement à la conversation numérique.

Chapitre 114 : La Synergie entre le Numérique et le Réel

Explorez la synergie puissante entre le numérique et le réel dans le contexte des réseaux sociaux. Découvrez comment créer des expériences hors ligne qui renforcent votre présence en ligne, et vice versa. Plongez dans des exemples inspirants où des événements en ligne ont transcendé le virtuel pour créer des impacts tangibles dans le monde réel.

Chapitre 115 : La Formation Continue

Décortiquez l'importance cruciale de la formation continue dans le paysage numérique en constante évolution. Explorez des méthodes pour rester à jour avec les dernières tendances, technologies et compétences pertinentes. Découvrez comment l'apprentissage continu peut nourrir votre créativité et maintenir votre compétitivité dans l'univers des réseaux sociaux.

Chapitre 116 : La Personnalisation du Contenu

Plongez dans l'art subtil de la personnalisation du contenu sur les réseaux sociaux. Explorez des stratégies pour adapter votre message en fonction des préférences individuelles de votre audience. Découvrez comment la personnalisation peut créer des expériences plus engageantes, renforcer la connexion avec votre audience et favoriser la fidélité.

Chapitre 117 : L'Exploration de Nouveaux Canaux de Communication

Découvrez des méthodes innovantes pour explorer de nouveaux canaux de communication. Plongez dans l'expérimentation avec des plateformes émergentes et des formats novateurs. Explorez comment anticiper les nouvelles tendances de communication peut vous positionner en tant que pionnier et élargir votre audience.

Chapitre 118 : La Stratégie de Création de Communauté

Explorez des stratégies avancées pour créer une communauté en ligne dynamique. Plongez dans la construction de relations solides entre les membres de votre audience, encourageant l'interaction et la collaboration. Découvrez comment une communauté engagée peut devenir un moteur puissant de croissance et de soutien mutuel.

Chapitre 119 : L'Adaptation aux Réglementations en Évolution

Décortiquez l'art de l'adaptation aux réglementations en constante évolution sur les réseaux sociaux. Explorez comment rester conforme aux directives légales peut protéger votre présence en ligne et garantir une expérience positive pour votre audience. Plongez dans des exemples concrets pour comprendre les implications réglementaires sur les réseaux sociaux.

Chapitre 120 : L'Éthique de l'Intelligence Artificielle sur les Réseaux Sociaux

Plongez dans les questions éthiques liées à l'utilisation de l'intelligence artificielle sur les réseaux sociaux. Explorez les implications de l'IA dans la création de contenu, la personnalisation et l'interaction avec l'audience. Découvrez des cadres éthiques pour guider votre utilisation de l'IA et garantir des pratiques responsables.

Chapitre 121 : La Créativité dans les Contraintes

Explorez la manière de cultiver la créativité dans les contraintes sur les réseaux sociaux. Découvrez comment transformer les défis en opportunités créatives, maximisant ainsi l'impact de votre contenu malgré les limitations. Plongez dans des stratégies pour tirer parti des contraintes comme catalyseurs d'innovation.

Chapitre 122 : L'Équilibre entre Authenticité et Stratégie

Décortiquez l'importance de l'équilibre entre authenticité et stratégie dans votre présence en ligne. Explorez comment rester authentique tout en appliquant des stratégies efficaces peut renforcer la connexion avec votre audience. Plongez dans des cas pratiques où l'authenticité a été le moteur du succès en ligne.

Chapitre 123 : L'Engagement Responsable sur les Réseaux Sociaux

Explorez en profondeur l'engagement responsable sur les réseaux sociaux. Plongez dans des approches éthiques visant à stimuler l'interaction avec votre audience, mettant en avant la transparence, la véracité et le respect de la vie privée. Découvrez comment créer un environnement en ligne positif, favorisant un dialogue constructif et durable. Nous examinerons également des études de cas illustrant des exemples concrets d'engagement responsable et les bénéfices qui en résultent.

Chapitre 124 : La Maîtrise de la Vidéo en Direct

Plongeons dans l'art de maîtriser la vidéo en direct. Explorez les subtilités de la création de diffusions captivantes, apprenez à interagir en temps réel avec votre audience, et découvrez comment tirer parti de la spontanéité pour renforcer la connexion. Nous aborderons également la gestion des imprévus avec élégance, maximisant ainsi l'impact de chaque session en direct.

Chapitre 125 : La Création de Contenu 360 degrés

Explorez la création immersive de contenu à 360 degrés. Découvrez des techniques pour utiliser des vidéos et des images panoramiques, offrant ainsi une expérience unique à votre audience. Plongez dans les subtilités de la production et de l'édition pour créer des contenus visuels captivants qui transportent votre public dans des mondes à couper le souffle.

Chapitre 126 : La Stratégie de Contenu Éphémère

Plongez dans la stratégie de contenu éphémère et découvrez comment les publications qui disparaissent après un certain temps peuvent créer un sentiment d'urgence et d'exclusivité. Explorez des tactiques pour maximiser l'impact de ces contenus temporaires, les utilisant comme des moments clés pour stimuler l'engagement et créer une connexion plus intime avec votre audience.

Chapitre 127 : Le Pouvoir des Infographies Dynamiques

Explorez le pouvoir des infographies dynamiques. Découvrez comment transformer des données complexes en visuels attrayants pour une communication efficace sur les réseaux sociaux. Plongez dans des outils de conception graphique avancés et apprenez à créer des infographies captivantes qui éduquent, informent et incitent à l'action.

Chapitre 128 : La Création d'Expériences Interactives en Ligne

Découvrez comment créer des expériences interactives en ligne pour engager votre audience de manière ludique et participative. Explorez des outils et des stratégies pour intégrer des quiz, des sondages et des jeux interactifs dans votre contenu, créant ainsi une dynamique d'engagement qui va au-delà de la simple consommation.

Chapitre 129 : La Narration Audio Immersive

Explorez la narration audio immersive et découvrez comment créer des histoires captivantes à l'aide de techniques sonores avancées. Plongez dans le monde de l'audio 3D, des effets sonores enveloppants et des scénarios sonores bien pensés pour offrir une expérience d'écoute immersive qui captive l'attention de votre audience.

Chapitre 130 : La Réalité Augmentée et Virtuelle pour le Contenu Social

Découvrez comment exploiter la réalité augmentée (RA) et virtuelle (RV) pour enrichir votre contenu social. Explorez des cas d'utilisation novateurs, des filtres AR ludiques aux expériences RV immersives, pour créer des expériences uniques et mémorables qui marquent les esprits de votre audience.

Chapitre 131 : La Création de Campagnes Hashtag Virales

Explorez la création de campagnes hashtag virales et découvrez comment concevoir des hashtags percutants pour inciter votre audience à participer activement à des campagnes en ligne. Plongez dans des études de cas pour comprendre les éléments clés d'une campagne réussie et apprenez à exploiter le pouvoir viral des médias sociaux.

Chapitre 132 : La Photographie Créative pour les Réseaux Sociaux

Explorez la photographie créative pour les réseaux sociaux. Découvrez des techniques avancées de composition, d'éclairage et d'édition pour capturer des images qui racontent une histoire et suscitent l'émotion. Plongez dans l'art de la narration visuelle à travers la photographie, renforçant ainsi l'impact de votre contenu.

Chapitre 133 : La Puissance des Témoignages Client

Explorez la puissance des témoignages clients sur les réseaux sociaux. Plongez dans l'art de partager des expériences positives qui renforcent la crédibilité de votre marque. Découvrez des stratégies pour collecter des témoignages authentiques, les présenter de manière convaincante et utiliser ces récits pour influencer positivement l'opinion de votre audience.

Chapitre 134 : La Stratégie de Contenu Émotionnel

Plongez dans la stratégie de contenu émotionnel et découvrez comment susciter des émotions authentiques peut créer des connexions profondes avec votre audience. Explorez les mécanismes psychologiques qui sous-tendent les réponses émotionnelles et apprenez à utiliser ces insights pour façonner un contenu qui résonne de manière significative.

Chapitre 135 : L'Art de la Miniature et du Titre Accrocheurs

Explorez l'art de la miniature et du titre accrocheurs, des éléments cruciaux pour maximiser le clic et l'engagement. Découvrez des techniques de conception visuelle percutante, des choix de couleurs aux mises en page, pour créer des miniatures irrésistibles et des titres qui incitent votre audience à explorer votre contenu.

Chapitre 136 : La Création de Contenu Inclusif

Explorez la création de contenu inclusif sur les réseaux sociaux. Découvrez des stratégies pour représenter diverses perspectives, favoriser la diversité et créer un espace en ligne accueillant pour une audience variée. Plongez dans des exemples inspirants de contenu inclusif qui renforcent la connexion et la fidélité de l'audience.

Chapitre 137 : La Narration en Séries

Découvrez l'art de la narration en séries sur les réseaux sociaux. Explorez comment découper des récits plus longs en séquences captivantes peut maintenir l'intérêt et l'engagement de votre audience sur la durée. Plongez dans des techniques narratives pour créer des arcs captivants qui incitent à revenir pour la prochaine partie.

Chapitre 138 : La Personnalité de Marque Consistente

Explorez l'importance de maintenir une personnalité de marque consistente. Découvrez comment infuser votre identité dans chaque interaction renforce la cohérence et consolide la reconnaissance de votre marque. Plongez dans des stratégies pour maintenir cette cohérence tout en évoluant avec les tendances et les changements du paysage des médias sociaux.

Chapitre 139 : La Promotion Subtile des Produits

Décortiquez la promotion subtile des produits sur les réseaux sociaux. Explorez des moyens créatifs d'intégrer des produits dans votre contenu sans sacrifier l'authenticité. Découvrez comment créer des partenariats de marque naturels et des intégrations de produits qui ajoutent de la valeur à votre audience plutôt que de perturber leur expérience.

Chapitre 140 : La Création de Contenu Éducatif Amusant

Explorez la création de contenu éducatif amusant sur les réseaux sociaux. Découvrez des stratégies pour rendre l'apprentissage divertissant, suscitant l'intérêt de votre audience tout en fournissant une valeur éducative. Plongez dans des exemples de contenu éducatif réussi qui combine l'information et le divertissement de manière harmonieuse.

Chapitre 141 : La Création de Contenu Hypnotique

Plongez dans la création de contenu hypnotique. Explorez des techniques visuelles et narratives qui captivent l'attention de votre audience de manière irrésistible. Découvrez comment jouer avec les éléments visuels, les effets sonores et les récits pour créer un contenu qui retient l'attention et crée une expérience captivante.

Chapitre 142 : L'Équilibre entre Authenticité et Stratégie

Décortiquez l'importance de l'équilibre entre authenticité et stratégie dans votre présence en ligne. Explorez comment rester fidèle à votre identité tout en appliquant des stratégies efficaces peut renforcer la connexion avec votre audience. Plongez dans des études de cas illustrant des marques réussies qui naviguent habilement entre l'authenticité et la stratégie.

Chapitre 143 : L'Engagement Responsable sur les Réseaux Sociaux

Explorez des stratégies approfondies pour un engagement responsable sur les réseaux sociaux. Découvrez comment promouvoir des interactions positives, encourageant un dialogue constructif et respectueux. Plongez dans des exemples concrets de marques qui ont réussi à créer un espace en ligne où l'engagement va de pair avec la responsabilité sociale.

Chapitre 144 : La Résonance Culturelle dans le Contenu

Explorez la résonance culturelle dans le contenu des réseaux sociaux. Découvrez comment comprendre et intégrer les tendances culturelles peut renforcer la pertinence de votre contenu. Plongez dans des exemples de campagnes qui ont su capter l'essence de la culture populaire, créant ainsi une connexion profonde avec l'audience.

Chapitre 145 : La Collaboration Créative sur les Réseaux Sociaux

Découvrez l'art de la collaboration créative sur les réseaux sociaux. Explorez comment travailler avec d'autres créateurs peut enrichir votre contenu, élargir votre audience et créer des partenariats mutuellement bénéfiques. Plongez dans des études de cas de collaborations réussies qui ont dépassé les frontières des plateformes.

Chapitre 146 : L'Évolution des Algorithmes et l'Adaptation Stratégique

Plongez dans l'évolution constante des algorithmes des réseaux sociaux et explorez comment s'adapter stratégiquement à ces changements. Découvrez des techniques pour rester visible dans les flux de contenu en constante mutation et maximiser la portée organique. Plongez dans des cas pratiques illustrant des marques qui ont su s'adapter avec agilité aux fluctuations algorithmiques.

Chapitre 147 : La Monétisation Réfléchie sur les Réseaux Sociaux

Explorez la monétisation réfléchie sur les réseaux sociaux. Découvrez des stratégies pour tirer profit de votre présence en ligne de manière éthique et alignée avec votre audience. Plongez dans des modèles de monétisation, des partenariats sponsorisés à la création de produits, et explorez comment intégrer ces éléments sans compromettre la confiance de votre audience.

Chapitre 148 : La Gestion Proactive des Crises en Ligne

Décortiquez la gestion proactive des crises en ligne. Explorez des plans d'action pour faire face aux situations délicates, des erreurs de communication aux critiques publiques. Plongez dans des exemples de marques qui ont su gérer les crises avec transparence, regagnant ainsi la confiance de leur audience.

Chapitre 149 : La Collaboration Marque et Influenceurs

Explorez les dynamiques de la collaboration entre marques et influenceurs. Découvrez comment construire des partenariats authentiques qui bénéficient à toutes les parties impliquées. Plongez dans des études de cas de collaborations réussies, mettant en lumière les avantages de cette synergie pour l'audience et la visibilité de la marque.

Chapitre 150 : L'Expérience Utilisateur Optimale sur les Réseaux Sociaux

Explorez l'optimisation de l'expérience utilisateur sur les réseaux sociaux. Découvrez des tactiques pour rendre la navigation de votre audience aussi fluide et agréable que possible. Plongez dans des stratégies UX, de la conception de profil à la navigation de contenu, pour créer une expérience mémorable qui incite à l'engagement.

Chapitre 151 : La Gestion Éthique des Données sur les Réseaux Sociaux

Décortiquez la gestion éthique des données sur les réseaux sociaux. Explorez comment protéger la vie privée de votre audience tout en utilisant les données de manière responsable. Plongez dans des exemples de marques qui ont établi des normes éthiques élevées en matière de collecte, de stockage et d'utilisation des données.

Chapitre 152 : L'Adaptation Créative aux Tendances Émergentes

Explorez l'adaptation créative aux tendances émergentes. Découvrez comment anticiper et intégrer rapidement les nouvelles tendances peut maintenir la fraîcheur de votre contenu. Plongez dans des cas pratiques de marques qui ont su rester en avant-garde en embrassant les évolutions du paysage des médias sociaux.

Chapitre 153 : L'Exploration des Plateformes Émergentes

Découvrez l'art de l'exploration des plateformes émergentes. Explorez comment identifier et investir dans de nouvelles plateformes peut offrir des avantages stratégiques. Plongez dans des exemples de marques qui ont été des pionnières sur des plateformes en plein essor, élargissant ainsi leur audience de manière significative.

Chapitre 154 : La Durabilité en Ligne et Hors Ligne

Explorez la durabilité en ligne et hors ligne dans votre présence sur les réseaux sociaux. Découvrez comment intégrer des pratiques durables, de la gestion des déchets numériques à des campagnes éco-responsables. Plongez dans des exemples de marques qui ont adopté des initiatives durables, alignant ainsi leur engagement en ligne avec leur responsabilité sociale globale.

Chapitre 155 : La Construction d'une Communauté Engagée

Explorez la construction d'une communauté engagée sur les réseaux sociaux. Découvrez des stratégies pour favoriser la participation active, encourager les échanges entre membres et créer un espace où votre audience se sent véritablement connectée. Plongez dans des exemples de communautés en ligne florissantes, mettant en lumière les clés de leur succès.

Chapitre 156 : L'Évolution des Attentes de l'Audience

Décortiquez l'évolution constante des attentes de l'audience sur les réseaux sociaux. Explorez comment rester à l'écoute des besoins changeants de votre audience et ajuster votre stratégie en conséquence. Plongez dans des exemples de marques qui ont su anticiper et répondre aux attentes émergentes, renforçant ainsi leur relation avec leur public.

Chapitre 157 : La Réalisation de Campagnes Sociales Impactantes

Explorez la réalisation de campagnes sociales impactantes. Découvrez des tactiques pour concevoir des campagnes mémorables, de la planification à l'exécution. Plongez dans des études de cas de campagnes qui ont suscité des réactions importantes, démontrant ainsi le pouvoir du storytelling et de la créativité dans le monde numérique.

Chapitre 158 : La Maximisation de l'Interaction Vidéo

Plongez dans la maximisation de l'interaction vidéo sur les réseaux sociaux. Explorez des stratégies pour créer des contenus vidéo captivants, des stories aux IGTV. Découvrez comment tirer parti de l'aspect visuel pour renforcer l'engagement et la rétention de votre audience.

Chapitre 159 : La Monétisation Éthique des Contenus

Décortiquez la monétisation éthique des contenus sur les réseaux sociaux. Explorez des modèles durables, des abonnements aux soutiens communautaires, tout en maintenant la transparence et l'intégrité. Plongez dans des exemples de créateurs qui ont réussi à transformer leur passion en revenu, tout en restant fidèles à leurs valeurs.

Chapitre 160 : La Création de Contenu Immersif en Réalité Augmentée

Explorez la création de contenu immersif en réalité augmentée (RA). Découvrez comment intégrer des expériences AR pour offrir à votre audience des interactions uniques et engageantes. Plongez dans des exemples de marques qui ont exploité la RA de manière novatrice pour renforcer la connexion avec leur public.

Chapitre 161 : L'Utilisation Stratégique des Stories Éphémères

Découvrez l'utilisation stratégique des stories éphémères sur les réseaux sociaux. Explorez comment tirer parti de ces formats pour créer une narration spontanée et authentique. Plongez dans des stratégies pour maximiser l'impact des stories éphémères tout en gardant un équilibre entre l'immédiateté et la planification.

Chapitre 162 : L'Optimisation du Contenu pour la Recherche Sociale

Explorez l'optimisation du contenu pour la recherche sociale. Découvrez des tactiques pour améliorer la visibilité de votre contenu, des hashtags aux tendances. Plongez dans des exemples de marques qui ont maîtrisé l'art de se positionner favorablement dans les résultats de recherche sociaux, augmentant ainsi leur découvrabilité.

Chapitre 163 : La Gestion Émotionnelle du Feedback en Ligne

Décortiquez la gestion émotionnelle du feedback en ligne. Explorez comment aborder les commentaires et critiques de manière constructive, en transformant les retours négatifs en opportunités d'amélioration. Plongez dans des exemples de marques qui ont su gérer le feedback de manière transparente, renforçant ainsi la confiance de leur audience.

Chapitre 164 : L'Éthique dans la Publicité sur les Réseaux Sociaux

Explorez l'éthique dans la publicité sur les réseaux sociaux. Découvrez comment créer des campagnes publicitaires persuasives tout en maintenant la transparence et le respect de la vie privée. Plongez dans des exemples de publicités réussies qui ont su équilibrer l'impact commercial avec des principes éthiques solides.

Chapitre 165 : L'Élaboration de Campagnes de Sensibilisation

Explorez l'élaboration de campagnes de sensibilisation sur les réseaux sociaux. Découvrez des stratégies pour donner une voix à des causes importantes, mobiliser votre audience et créer un impact positif. Plongez dans des études de cas de campagnes de sensibilisation qui ont réussi à susciter des conversations significatives et à provoquer un changement réel.

Chapitre 166 : La Personnalisation Avancée du Contenu

Explorez la personnalisation avancée du contenu sur les réseaux sociaux. Découvrez comment utiliser les données pour personnaliser l'expérience de votre audience, des recommandations de contenu aux messages ciblés. Plongez dans des exemples de marques qui ont réussi à créer des expériences personnalisées, renforçant ainsi l'engagement et la fidélité.

Chapitre 167 : L'Intégration Stratégique des Chatbots

Découvrez l'intégration stratégique des chatbots sur les réseaux sociaux. Explorez comment ces outils automatisés peuvent améliorer l'interaction avec votre audience, répondant rapidement aux questions fréquentes et offrant une expérience utilisateur fluide. Plongez dans des exemples de marques qui ont intégré avec succès des chatbots de manière stratégique.

Chapitre 168 : La Gestion Avancée des Listes d'Amis

Plongez dans la gestion avancée des listes d'amis sur les réseaux sociaux. Découvrez comment organiser et tirer parti de vos listes d'amis pour une interaction ciblée. Explorez des tactiques pour maximiser l'efficacité de vos listes, des groupes de discussion aux partages spécifiques.

Chapitre 169 : La Création de Campagnes UGC Puissantes

Explorez la création de campagnes UGC (User-Generated Content) puissantes. Découvrez comment encourager votre audience à créer du contenu pour renforcer l'authenticité de votre marque. Plongez dans des études de cas de campagnes UGC réussies qui ont créé un engagement significatif et amplifié la portée organique.

Chapitre 170 : L'Exploration des Tendances Émergentes des Réseaux Sociaux

Explorez les tendances émergentes des réseaux sociaux. Découvrez les dernières innovations et comment les intégrer stratégiquement dans votre contenu. Plongez dans des exemples de marques qui ont su rester à la pointe des tendances, captivant ainsi leur audience avec des expériences novatrices.

Chapitre 171 : La Réalisation de Campagnes Collaboratives

Découvrez l'art de la réalisation de campagnes collaboratives sur les réseaux sociaux. Explorez comment travailler avec d'autres marques ou créateurs peut créer des synergies puissantes et étendre votre portée. Plongez dans des exemples de campagnes collaboratives qui ont amplifié l'impact grâce à une approche collective.

Chapitre 172 : L'Humanisation de la Marque

Explorez l'humanisation de la marque sur les réseaux sociaux. Découvrez comment donner une personnalité humaine à votre marque peut renforcer la connexion émotionnelle avec votre audience. Plongez dans des stratégies pour partager des histoires authentiques, impliquer vos employés et créer une présence en ligne chaleureuse et accessible.

Chapitre 173 : La Création de Contenu Interactif en Temps Réel

Explorez la création de contenu interactif en temps réel sur les réseaux sociaux. Découvrez comment exploiter la spontanéité pour engager votre audience, des sessions de questions-réponses aux événements en direct. Plongez dans des exemples de marques qui ont su captiver leur audience avec du contenu réactif et participatif.

Chapitre 174 : L'Utilisation Créative des Fonctionnalités Émergentes

Décortiquez l'utilisation créative des fonctionnalités émergentes des réseaux sociaux. Explorez comment expérimenter avec de nouvelles fonctionnalités peut différencier votre contenu. Plongez dans des exemples de marques qui ont adopté avec succès des fonctionnalités telles que les filtres AR, les sondages interactifs et les stickers personnalisés.

Chapitre 175 : La Diversification des Formats de Contenu

Explorez la diversification des formats de contenu sur les réseaux sociaux. Découvrez comment ajuster votre stratégie en fonction des préférences de votre audience, des vidéos longues aux courtes, des images aux carrousels. Plongez dans des études de cas illustrant la puissance de la diversification pour maximiser l'impact.

Chapitre 176 : La Création de Récits Transmédias

Découvrez l'art de la création de récits transmédias sur les réseaux sociaux. Explorez comment étendre votre histoire à travers différentes plateformes pour créer une expérience immersive. Plongez dans des exemples de marques qui ont maîtrisé l'art du récit transmédia, engageant ainsi leur audience à travers plusieurs canaux.

Chapitre 177 : La Gestion Éthique des Contenus Générés par l'Utilisateur

Explorez la gestion éthique des contenus générés par l'utilisateur (CGU). Découvrez des stratégies pour équilibrer la liberté de l'utilisateur avec la responsabilité envers votre marque. Plongez dans des exemples de marques qui ont su créer des directives claires tout en encourageant la créativité de leur audience.

Chapitre 178 : La Création de Connexions

Personnalisées avec l'Audience
Plongez dans la création de connexions personnalisées avec votre audience sur les réseaux sociaux. Découvrez comment développer une approche individualisée pour répondre aux besoins spécifiques de votre public. Explorez des stratégies pour écouter activement, répondre aux commentaires et créer une expérience en ligne qui semble faite sur mesure.

Chapitre 179 : La Stratégie de Contenu Évolutif

Explorez la stratégie de contenu évolutif sur les réseaux sociaux. Découvrez comment ajuster votre contenu en fonction des changements dans votre audience, des tendances du secteur et des objectifs de votre marque. Plongez dans des études de cas illustrant des marques qui ont su évoluer avec succès au fil du temps, restant ainsi pertinentes et captivantes.

Chapitre 180 : La Collaboration avec des Créateurs de Contenu Émergents

Explorez la collaboration stratégique avec des créateurs de contenu émergents. Découvrez comment identifier et travailler avec de nouveaux talents peut injecter une fraîcheur dans votre stratégie de contenu. Plongez dans des exemples de collaborations fructueuses qui ont bénéficié à la fois aux créateurs émergents et aux marques établies.

Chapitre 181 : La Gestion Réfléchie des Notifications

Découvrez la gestion réfléchie des notifications sur les réseaux sociaux. Explorez comment personnaliser les notifications pour maximiser l'engagement sans saturer votre audience. Plongez dans des stratégies pour utiliser les notifications de manière stratégique, encourageant une interaction positive sans être intrusif.

Chapitre 182 : La Création de Contenu en Langue Locale

Explorez la création de contenu en langue locale sur les réseaux sociaux. Découvrez comment adapter votre stratégie pour atteindre des audiences spécifiques dans leur langue maternelle. Plongez dans des exemples de marques qui ont réussi à établir une connexion plus profonde en s'exprimant dans la langue locale de leur public.

Chapitre 183 : La Stratégie de Contenu Long-Form

Plongez dans la stratégie de contenu long-form sur les réseaux sociaux. Explorez comment captiver votre audience avec des contenus plus détaillés, des articles aux vidéos longues. Découvrez des tactiques pour maintenir l'attention sur une durée prolongée tout en offrant une valeur substantielle à votre audience.

Chapitre 184 : L'Évolution des Plateformes Sociales

Décortiquez l'évolution constante des plateformes sociales. Explorez comment rester au fait des changements d'algorithmes, des fonctionnalités émergentes et des tendances clés. Plongez dans des exemples de marques qui ont su naviguer avec agilité dans un paysage des médias sociaux en constante évolution.

Chapitre 185 : La Monétisation Créative sur les Plateformes Sociales

Explorez la monétisation créative sur les plateformes sociales. Découvrez des approches innovantes pour générer des revenus tout en offrant une valeur significative à votre audience. Plongez dans des exemples de créateurs et de marques qui ont transformé leur présence en ligne en opportunités lucratives, tout en restant fidèles à leur vision créative.

Chapitre 186 : L'Utilisation Stratégique des Événements en Ligne

Découvrez l'utilisation stratégique des événements en ligne sur les réseaux sociaux. Explorez comment organiser et participer à des événements virtuels peut renforcer l'engagement de votre audience. Plongez dans des stratégies pour tirer parti des fonctionnalités événementielles des plateformes, créant ainsi des expériences mémorables et interactives.

Chapitre 186 : La Création de Contenu Éducatif Évolutif

Explorez la création de contenu éducatif évolutif sur les réseaux sociaux. Découvrez comment développer des séquences d'apprentissage engageantes, offrant une progression continue à votre audience. Plongez dans des exemples de marques qui ont su éduquer leur public de manière itérative, créant ainsi une fidélité durable.

Chapitre 187 : La Maximisation de la Narration Visuelle

Découvrez la maximisation de la narration visuelle sur les réseaux sociaux. Explorez comment utiliser des éléments visuels puissants pour raconter des histoires captivantes. Plongez dans des stratégies pour créer des visuels évocateurs, des infographies aux vidéos, renforçant ainsi l'impact émotionnel de votre contenu.

Chapitre 188 : La Stratégie de Contenu Contextuel

Explorez la stratégie de contenu contextuel sur les réseaux sociaux. Découvrez comment ajuster votre contenu en fonction du contexte, des événements actuels aux saisons. Plongez dans des exemples de marques qui ont su rester pertinentes en s'adaptant aux éléments contextuels, renforçant ainsi leur connexion avec leur audience.

Chapitre 189 : L'Utilisation Stratégique des Émoticônes et des GIF

Découvrez l'utilisation stratégique des émoticônes et des GIF sur les réseaux sociaux. Explorez comment ces éléments visuels peuvent ajouter une dimension ludique et expressive à votre communication. Plongez dans des exemples de marques qui ont maîtrisé l'art d'utiliser des émoticônes et des GIF de manière stratégique, renforçant ainsi leur tonalité et leur engagement.

Chapitre 190 : La Création de Contenu Participatif

Explorez la création de contenu participatif sur les réseaux sociaux. Découvrez comment impliquer activement votre audience dans la création de contenu, des concours aux collaborations. Plongez dans des études de cas de marques qui ont réussi à stimuler la participation de leur audience, créant ainsi une communauté active et engagée.

Chapitre 191 : La Personnalisation Avancée des Campagnes Publicitaires

Découvrez la personnalisation avancée des campagnes publicitaires sur les réseaux sociaux. Explorez comment utiliser les données pour cibler spécifiquement votre audience avec des messages personnalisés. Plongez dans des stratégies pour maximiser l'efficacité de vos campagnes publicitaires, offrant ainsi une expérience personnalisée à chaque utilisateur.

Chapitre 192 : La Gestion Stratégique du Contenu Généré par l'Utilisateur

Explorez la gestion stratégique du contenu généré par l'utilisateur (CGU). Découvrez des tactiques pour organiser, promouvoir et intégrer efficacement le contenu créé par votre audience. Plongez dans des exemples de marques qui ont su canaliser de manière stratégique la créativité de leur communauté, renforçant ainsi leur présence en ligne.

Chapitre 193 : L'Optimisation de la Collaboration Marque-Influenceur

Plongez dans l'optimisation de la collaboration marque-influenceur sur les réseaux sociaux. Explorez des stratégies pour établir des partenariats authentiques qui bénéficient à la fois à la marque et à l'influenceur. Découvrez comment maximiser l'impact de ces collaborations pour une visibilité accrue et un engagement significatif.

Chapitre 194 : La Stratégie de Contenu Saisonnier

Explorez la stratégie de contenu saisonnier sur les réseaux sociaux. Découvrez comment ajuster votre contenu en fonction des saisons, des vacances aux événements saisonniers. Plongez dans des exemples de marques qui ont su capturer l'esprit de chaque saison, créant ainsi une connexion émotionnelle avec leur audience.

Chapitre 195 : La Réalisation de Campagnes Sociales Responsables

Décortiquez la réalisation de campagnes sociales responsables. Explorez comment intégrer des initiatives sociales et environnementales dans votre stratégie de contenu. Plongez dans des études de cas de campagnes qui ont réussi à combiner impact positif et engagement, renforçant ainsi la réputation sociale de la marque.

Chapitre 196 : L'Adaptation Créative aux Tendances Culturelles

Explorez l'adaptation créative aux tendances culturelles sur les réseaux sociaux. Découvrez comment comprendre et intégrer les mouvements culturels peut renforcer la pertinence de votre contenu. Plongez dans des exemples de marques qui ont su rester en phase avec la culture, captivant ainsi leur audience avec des messages authentiques.

Chapitre 197 : La Maximisation des Options de Monétisation

Découvrez la maximisation des options de monétisation sur les réseaux sociaux. Explorez des tactiques pour diversifier vos revenus, des abonnements aux collaborations sponsorisées. Plongez dans des exemples de créateurs et de marques qui ont su exploiter pleinement les opportunités de monétisation offertes par les plateformes.

Chapitre 198 : La Gestion Éthique des Données de l'Audience

Plongez dans la gestion éthique des données de l'audience sur les réseaux sociaux. Découvrez des pratiques responsables pour collecter, stocker et utiliser les données de manière transparente. Explorez des exemples de marques qui ont établi des normes élevées en matière de protection de la vie privée, renforçant ainsi la confiance de leur audience.

Chapitre 199 : L'Exploration des Nouvelles Plateformes Émergentes

Explorez l'exploration des nouvelles plateformes émergentes sur les réseaux sociaux. Découvrez comment identifier et investir dans de nouveaux espaces peut offrir un avantage stratégique. Plongez dans des exemples de marques qui ont été des pionnières sur des plateformes en plein essor, élargissant ainsi leur audience de manière significative.

Chapitre 200 : La Célébration des Réussites et l'Épanouissement Personnel

Félicitations d'avoir parcouru ce voyage jusqu'au 200e chapitre ! Dans ce dernier chapitre, nous allons nous concentrer sur la célébration de vos réussites et l'importance de l'épanouissement personnel dans votre parcours sur les réseaux sociaux.

Célébration des Réussites :

- Prenez le temps de réfléchir aux moments forts de votre présence sur les réseaux sociaux.

- Identifiez les réussites qui ont eu un impact significatif sur votre audience et votre marque.
- Appréciez le chemin parcouru, des premières étapes aux accomplissements les plus récents.

Épanouissement Personnel :

- Explorez comment votre voyage sur les réseaux sociaux a contribué à votre développement personnel.
- Considérez les compétences acquises, les leçons apprises et les obstacles surmontés.
- Pensez à comment cette expérience a enrichi votre vie au-delà de la sphère en ligne.Gratitude envers l'Audience:Exprimez votre gratitude envers votre audience pour son soutien tout au long de ce parcours.

- Célébrez les relations construites et les connexions authentiques établies.
- Remerciez ceux qui ont contribué à votre succès, des collaborateurs aux followers dévoués.

Perspectives Futures :

- Envisagez l'avenir avec enthousiasme, en tenant compte des leçons apprises jusqu'à présent.
- Définissez de nouveaux objectifs et aspirations pour la prochaine phase de votre aventure.
- Restez ouvert aux opportunités et continuez à grandir, tant professionnellement que personnellement.

Considérez ce 200e chapitre comme un point tournant, marquant la fin d'une étape et le début d'une nouvelle aventure.

•Soyez fier de votre parcours, mais restez toujours affamé d'apprendre et de grandir. Continuez à créer un contenu qui résonne avec votre audience et qui apporte une valeur authentique.Conclusion : Merci d'avoir partagé ce voyage passionnant sur les réseaux sociaux. Que chaque publication, chaque interaction et chaque succès à venir soient empreints de satisfaction personnelle et de croissance continue. Continuez à rayonner et à inspirer ceux qui vous entourent. La fin de ce chapitre marque simplement le début de nouvelles opportunités excitantes.

Chapitre Bonus 201 à 300 :

L'Adaptabilité, Clé de la Stratégie de Contenu

Dans ce chapitre, nous explorerons l'importance cruciale de l'adaptabilité dans la création d'une stratégie de contenu efficace sur les réseaux sociaux. L'écosystème digital est dynamique, évoluant constamment, et votre capacité à vous ajuster aux changements déterminera votre succès à long terme.

Comprendre les Tendances Actuelles : Explorez les tendances actuelles dans votre domaine. Analysez les sujets qui captivent votre audience et adaptez votre contenu pour répondre à ses besoins changeants.

Agilité face aux Changements d'Algorithme :

Les algorithmes des plateformes évoluent régulièrement. Apprenez à vous ajuster rapidement, en comprenant comment ces changements affectent la visibilité de votre contenu et en modifiant votre approche en conséquence.

Création de Contenu Évolutif :

Adoptez une approche proactive envers la création de contenu évolutif. Explorez des formats nouveaux et engageants, tout en maintenant la cohérence avec l'essence de votre message.

Interaction avec l'Audience :

Favorisez une communication ouverte avec votre audience. Utilisez des sondages, des questions ouvertes et des commentaires pour comprendre ses préférences et ajustez votre stratégie en conséquence.

Tests et Analyses Continus :
Intégrez des mécanismes de tests dans votre stratégie. Analysez les performances de différentes approches et affinez continuellement votre contenu en fonction des résultats.

Planification à Long Terme :
Bien que l'adaptabilité soit cruciale, une planification à long terme est également essentielle. Identifiez vos objectifs à long terme et ajustez votre stratégie de manière à les atteindre, même en anticipant les changements futurs.

Collaboration Créative :
La collaboration avec d'autres créateurs et professionnels de votre domaine peut apporter une nouvelle perspective.

Explorez des opportunités de partenariats qui stimulent la créativité et élargissent votre portée.

En somme, la clé du succès sur les réseaux sociaux réside dans votre capacité à rester agile, adaptable et ouvert aux nouvelles idées. L'exploration constante et l'évolution de votre stratégie vous permettront de rester en phase avec votre audience et de maintenir une présence dynamique et engageante.

Chapitre 202 : L'Équilibre Harmonieux entre Quantité et Qualité de Contenu

Dans ce chapitre, nous plongerons dans l'art délicat de trouver l'équilibre parfait entre la quantité et la qualité de votre contenu sur les réseaux sociaux. Bien que la fréquence de publication soit importante, cela ne devrait jamais compromettre la valeur exceptionnelle que vous offrez à votre audience. Définir des Standards de Qualité : Établissez des normes élevées pour le contenu que vous partagez. Assurez-vous que chaque publication reflète la qualité, l'authenticité et l'alignement avec votre message global.

Cadence Régulière vs. Excellence :
Trouvez un équilibre entre une cadence régulière de publication et la préservation de l'excellence. Il est préférable d'avoir moins de publications de qualité supérieure que de compromettre la qualité pour maintenir une cadence élevée.

Analyse des Performances :
Utilisez les analyses pour évaluer l'impact de votre contenu. Identifiez les publications qui ont le mieux performé et comprenez pourquoi. Utilisez ces informations pour ajuster votre stratégie.

Éduquer Votre Audience sur la Valeur :
Éduquez votre audience sur la valeur que vous apportez. Encouragez la

compréhension que chaque publication est soigneusement conçue pour offrir une expérience enrichissante.

Création Planifiée :

Adoptez une approche planifiée pour la création de contenu. Prévoyez du temps pour la recherche, la création et la révision, garantissant ainsi un contenu de qualité supérieure à chaque étape.

Engagement sur la Durée :

Reconnaissez que la qualité du contenu contribue à l'engagement à long terme. Une audience fidèle est construite sur la confiance, qui découle de la cohérence dans la fourniture d'un contenu de qualité.

Innovation Continue :

L'innovation ne doit jamais être sacrifiée. Cherchez constamment des moyens d'innover dans la création de contenu, même lorsque vous maintenez des standards élevés.

Fidélité de l'Audience :

Une audience fidèle est souvent le résultat de la qualité constante du contenu. Les followers réguliers sont plus susceptibles de rester engagés et de partager votre contenu avec d'autres.

En fin de compte, la qualité demeure la pierre angulaire de toute stratégie de contenu réussie. N'ayez pas peur de ralentir la cadence pour garantir que chaque publication maintient la qualité qui définit votre marque. C'est cet équilibre qui établira une présence durable et significative sur les réseaux sociaux.

Chapitre 203 : La Puissance de la Stratégie de Contenu Émotionnel

Dans ce chapitre, nous explorerons la stratégie de contenu émotionnel et comment l'exploiter pour créer des connexions plus profondes avec votre audience sur les réseaux sociaux. Les émotions sont une force puissante qui peut catalyser l'engagement et renforcer la fidélité de votre communauté en ligne. Identification des Émotions Clés : Comprenez les émotions qui résonnent le plus avec votre audience. Identifiez les sentiments qui suscitent une réaction positive et alignez-les avec votre message et votre identité de marque.

Storytelling Émotionnel :

Adoptez le storytelling émotionnel dans votre contenu. Racontez des histoires authentiques qui évoquent des émotions, créant ainsi des expériences mémorables pour votre audience.

Utilisation d'Images et de Visuels Émotionnels :

Les images et les visuels ont un pouvoir émotionnel unique. Choisissez des éléments visuels qui captent l'essence émotionnelle de votre message, renforçant ainsi l'impact global de votre contenu.

Création d'un Ton Émotionnel Cohérent :

Établissez un ton émotionnel cohérent dans votre communication. Que ce soit l'humour, l'inspiration, la nostalgie, ou d'autres émotions, assurez-vous que votre ton est aligné avec la résonance émotionnelle que vous souhaitez créer.

Réponse Émotionnelle aux Commentaires :

Répondez de manière émotionnelle aux commentaires de votre audience. Exprimez votre gratitude, partagez des expériences personnelles et créez un dialogue authentique basé sur les émotions partagées.

Intégration de la Musique et du Son :

La musique et les sons peuvent intensifier l'impact émotionnel de votre contenu. Choisissez des accompagnements sonores qui complètent et amplifient l'émotion que vous souhaitez transmettre.

Évocation d'Émotions Positives :

Focalisez-vous sur l'évocation d'émotions positives. Le contenu qui suscite la joie, l'espoir ou l'inspiration a souvent un impact plus durable et favorise une perception positive de votre marque.
Utilisation d'Événements Culturels : Intégrez des événements culturels et des moments significatifs pour susciter des émotions collectives. Saisissez les opportunités de connecter votre contenu avec des expériences partagées.

En embrassant la dimension émotionnelle du contenu, vous créez un lien plus profond avec votre audience. Cela va au-delà de la simple communication pour devenir une expérience partagée, renforçant ainsi l'engagement et la fidélité de votre communauté sur les réseaux sociaux.

Chapitre 204 : La Collaboration Internationale sur les Réseaux Sociaux

Dans ce chapitre, nous explorerons la dynamique passionnante de la collaboration internationale sur les réseaux sociaux. Élargir votre portée au-delà des frontières peut non seulement enrichir votre audience, mais également créer des opportunités uniques pour la croissance de votre marque. Identification des Marchés Cibles Internationaux :

Analysez les marchés cibles potentiels à l'étranger. Identifiez les cultures et les régions où votre contenu pourrait avoir un impact significatif.

Adaptation Culturelle du Contenu :
Adaptez votre contenu pour respecter les sensibilités culturelles. Comprenez les différences culturelles en termes de langage, d'humour et de valeurs, et ajustez votre approche en conséquence.

Collaboration avec Créateurs Locaux :
Explorez des collaborations avec des créateurs locaux dans d'autres régions. Cette stratégie peut non seulement élargir votre audience, mais aussi apporter une perspective unique à votre contenu.

Utilisation de Langues Multiples :
Si possible, envisagez d'utiliser plusieurs langues dans votre contenu. Cela peut rendre votre message accessible à un public plus large et montrer votre

engagement envers la diversité linguistique.

Participation à des Événements Internationaux :

Identifiez des événements internationaux pertinents pour votre niche. La participation à des salons, des conférences ou des initiatives mondiales peut accroître votre visibilité à l'échelle mondiale.

Promotion Ciblée dans Différents Fuseaux Horaires :

Planifiez vos publications pour atteindre des audiences dans différents fuseaux horaires. Cela garantit que votre contenu est diffusé de manière optimale pour différentes parties du monde.

Analyse des Données Démographiques Internationales :

Utilisez les analyses pour comprendre votre audience internationale. Examinez les données démographiques pour affiner votre stratégie et mieux répondre aux besoins de votre public international. Écoute Active des Retours Internationaux: Soyez attentif aux commentaires internationaux. L'écoute active vous permet d'ajuster votre contenu en fonction des réactions et des attentes spécifiques à chaque marché.

En élargissant vos horizons au-delà des frontières, vous ouvrez la porte à des possibilités passionnantes. La collaboration internationale sur les réseaux sociaux peut enrichir votre contenu, élargir votre audience et positionner votre marque comme une force mondiale.

Chapitre 205 : L'Utilisation Stratégique des Analytics pour Optimiser Votre

Présence en Ligne

Dans ce chapitre, plongeons dans l'importance cruciale de l'analyse de données pour optimiser votre présence en ligne sur les réseaux sociaux. Les analytics offrent des informations précieuses qui peuvent guider vos décisions éditoriales, stratégiques et vous aider à maximiser l'impact de votre contenu.

Choix des KPIs Pertinents :

Identifiez les Key Performance Indicators (KPIs) pertinents pour votre objectif. Que ce soit l'engagement, la portée, les conversions, choisissez des métriques alignées sur vos objectifs spécifiques.

Analyse des Performances Passées : Examinez les performances de vos publications antérieures. Identifiez les tendances et les types de contenu qui ont le mieux performé pour affiner votre stratégie future.

Suivi des Tendances Temporelles : Observez les tendances temporelles dans vos données. Identifiez les moments de la journée ou les jours de la semaine où votre audience est la plus active, et planifiez vos publications en conséquence.

Segmentation de l'Audience : Utilisez des outils d'analyse pour segmenter votre audience. Comprenez les différences démographiques, géographiques ou comportementales pour personnaliser davantage votre contenu.Analyse Comparative avec la Concurrence :Comparez vos performances avec celles de vos concurrents. Identifiez les forces et les faiblesses de votre stratégie par rapport à d'autres acteurs de votre domaine.

Adaptation aux Changements d'Algorithme :Restez informé des changements d'algorithme sur les différentes plateformes. Adaptez votre stratégie en fonction de ces changements pour maintenir la visibilité de votre contenu.

Utilisation de Données pour l'Innovation : Utilisez les données pour stimuler l'innovation. Identifiez des lacunes ou des opportunités dans votre contenu actuel et explorez de nouvelles idées qui correspondent aux préférences de votre audience.

Mesure de l'Impact sur les Objectifs : Évaluez l'impact de votre contenu sur vos objectifs commerciaux. Que ce soit la génération de leads, la notoriété de la marque ou la conversion, assurez-vous que votre contenu contribue activement à ces objectifs.

L'analyse de données ne se limite pas à la rétroaction, mais devient un outil puissant pour affiner votre stratégie et maximiser l'efficacité de votre présence en ligne. En comprenant vos analytics, vous êtes mieux équipé pour créer un contenu qui résonne avec votre audience et génère des résultats concrets.

Chapitre 206 : La Diversification des Plateformes Médias Sociaux pour une Audience Variée

Dans ce chapitre, nous explorerons l'importance de diversifier votre présence sur différentes plateformes médias sociaux. Cette stratégie non seulement élargit votre audience, mais vous permet également d'adapter votre contenu à des contextes spécifiques et de maximiser votre impact global.

Choix Stratégique des Plateformes : Analysez les plateformes médias sociaux les mieux adaptées à votre contenu. Comprenez les caractéristiques et les audiences spécifiques de chaque plateforme pour faire des choix stratégiques.

Adaptation du Contenu à Chaque Plateforme :

Évitez la duplication directe du contenu sur toutes les plateformes. Adaptez votre message, le format et le style en fonction des caractéristiques uniques de chaque plateforme pour maximiser l'engagement.

Expérimentation avec de Nouvelles Plateformes :

Restez ouvert à l'expérimentation avec de nouvelles plateformes émergentes. Soyez prêt à saisir des opportunités sur des réseaux en pleine croissance pour atteindre de nouveaux publics.

Création d'une Cohérence de Marque :

Bien que le contenu puisse être adapté, maintenez une cohérence de marque à travers toutes les plateformes. Assurez-vous que votre identité et votre message central restent reconnaissables.
Utilisation de Contenu Multimédia : Exploitez différentes formes de contenu multimédia. Des images et des vidéos captivantes sur Instagram aux discussions plus approfondies sur LinkedIn, utilisez des formats variés pour capturer l'attention de divers publics.
Synergie entre les Plateformes : Créez une synergie entre vos plateformes. Encouragez le partage interplateforme et guidez votre audience vers d'autres canaux où elles peuvent également s'engager avec votre contenu.
Adaptation à l'Évolution des Plateformes :

Restez informé des changements sur les plateformes existantes. Les nouvelles fonctionnalités peuvent offrir des opportunités uniques, alors adaptez votre stratégie en conséquence.Analyse des Performances sur Chaque Plateforme :Utilisez des outils d'analyse spécifiques à chaque plateforme pour évaluer les performances. Comprenez ce qui fonctionne sur chacune d'entre elles et ajustez votre approche en conséquence. La diversification des plateformes médias sociaux offre une flexibilité précieuse et vous permet d'atteindre une audience variée tout en exploitant les forces spécifiques de chaque réseau. En étant stratégique dans votre présence multicanal, vous créez une empreinte numérique robuste et résiliente.

Chapitre 207 : L'Éthique de la Création de Contenu sur les Réseaux Sociaux

Dans ce chapitre, nous aborderons l'importance cruciale de l'éthique dans la création de contenu sur les réseaux sociaux. En cultivant une approche éthique, vous renforcez la confiance de votre audience, établissez une réputation solide et contribuez positivement à la communauté en ligne.

Transparence et Authenticité :
Favorisez la transparence dans votre contenu. Soyez authentique au sujet de vos intentions, vos partenariats et votre processus de création pour établir une

relation de confiance avec votre audience.

Respect de la Vie Privée :
Protégez la vie privée, que ce soit celle de votre audience, de vos collaborateurs ou la vôtre. Obtenez toujours le consentement approprié avant de partager des informations sensibles et respectez les droits à la vie privée.

Combat contre la Désinformation :
Prenez la responsabilité de lutter contre la désinformation. Vérifiez vos sources, partagez des informations précises et contribuez à la création d'un environnement en ligne basé sur des faits.Promotion de la Diversité et de l'Inclusion :Favorisez la diversité et l'inclusion dans votre contenu. Représentez différentes perspectives,

cultures et identités de manière respectueuse, contribuant ainsi à créer une communauté en ligne inclusive.

Gestion Responsable des Commentaires :Gérez les commentaires de manière responsable. Encouragez un dialogue constructif, modérez les discussions de manière équitable et répondez aux retours de manière respectueuse.

Éviter l'Exploitation de la Sensationnalisme :Évitez le sensationnalisme pour gagner des vues ou des likes. Priorisez un contenu informatif, inspirant ou divertissant plutôt que de recourir à des tactiques sensationnalistes qui pourraient nuire à la crédibilité de votre marque.

Partenariats Éthiques :

Soyez sélectif dans vos partenariats. Collaborez avec des marques et des créateurs partageant vos valeurs, évitant ainsi tout partenariat qui pourrait compromettre l'intégrité de votre contenu.
Responsabilité Sociale :Assumez une responsabilité sociale. Utilisez votre plateforme pour sensibiliser à des problèmes importants et contribuez positivement à des causes sociales.
En intégrant l'éthique dans chaque aspect de votre présence sur les réseaux sociaux, vous contribuez à créer un espace en ligne plus sain, plus fiable et plus respectueux. Cela renforce non seulement la confiance de votre audience, mais positionne également votre marque en tant qu'acteur positif au sein de la communauté numérique.

Chapitre 208 : La Monétisation Éthique sur les Réseaux Sociaux

Dans ce chapitre, explorons la monétisation éthique sur les réseaux sociaux. Alors que la création de contenu peut devenir une source de revenus, il est crucial d'adopter des approches éthiques pour maintenir la confiance de votre audience et bâtir une relation durable. Transparence dans les Partenariats : Maintenez une transparence totale lors de la monétisation de votre contenu. Informez clairement votre audience lorsque vous avez des partenariats, des collaborations sponsorisées ou des affiliations, renforçant ainsi la confiance.

Alignement avec les Valeurs de Marque : Choisissez des partenariats en accord avec les valeurs de votre marque. Assurez-vous que les produits ou services que vous promouvez sont authentiquement liés à votre niche et que leur qualité est en phase avec vos standards.Réception Responsable des Retours Financiers :Réfléchissez de manière responsable à la manière dont vous utilisez les revenus générés. Priorisez l'investissement dans la qualité du contenu, la croissance de votre audience et la création d'une expérience positive pour vos followers.Évitez la surpromotion de produits ou services. Un équilibre entre la monétisation et le maintien d'un contenu de valeur est essentiel pour ne pas compromettre l'expérience utilisateur.

Considération de l'Audience :

Pensez à l'impact sur votre audience avant d'accepter des partenariats ou de promouvoir des produits. Assurez-vous que votre public bénéficie également de ces collaborations, soit par des offres spéciales, des contenus exclusifs ou d'autres avantages.Options de Monétisation Diversifiées :Diversifiez vos options de monétisation. Explorez différentes avenues telles que les partenariats, les abonnements, les dons ou la vente de produits exclusifs pour ne pas dépendre exclusivement d'une seule source de revenus.

Éducation sur la Monétisation :

Éduquez votre audience sur le processus de monétisation. Expliquez comment cela soutient votre capacité à créer un contenu de qualité et à maintenir une présence durable sur les réseaux sociaux.

Engagement Malgré la Monétisation : Maintenez un engagement authentique malgré la monétisation. Continuez à interagir avec votre audience, à répondre aux commentaires et à maintenir la connexion qui a contribué à la croissance de votre communauté.

En adoptant une approche éthique de la monétisation, vous établissez un équilibre entre la croissance de votre carrière en ligne et le respect de l'expérience de votre audience. Cela crée une base solide pour une monétisation durable et respectueuse de votre communauté.

Chapitre 209 : La Gestion du Temps pour une Productivité Durable

Dans ce chapitre, nous explorerons des stratégies de gestion du temps pour maintenir une productivité durable dans votre parcours sur les réseaux sociaux. En équilibrant efficacement votre temps, vous pouvez maximiser votre créativité tout en évitant l'épuisement.

Établissement d'Objectifs Clairs : Définissez des objectifs spécifiques pour votre présence sur les réseaux sociaux. Cela vous donne une direction claire et facilite la planification de votre temps en fonction des résultats que vous souhaitez atteindre.

Priorisation des Tâches :
Identifiez les tâches les plus cruciales et priorisez-les. Concentrez-vous sur les activités qui ont le plus grand impact sur vos objectifs, en évitant la dispersion d'énergie sur des détails moins importants.

Utilisation Efficace des Plages Horaires :
Allouez des plages horaires dédiées à des activités spécifiques. Cela peut inclure la création de contenu, l'interaction avec l'audience, la planification stratégique, et des moments réservés à la détente pour maintenir l'équilibre.

Intégration de Sessions de Créativité :
Intégrez des sessions de créativité régulières dans votre emploi du temps.

Ces moments dédiés à la réflexion et à la génération d'idées peuvent catalyser des contenus innovants.

Automatisation des Tâches Répétitives : Identifiez les tâches répétitives pouvant être automatisées. L'automatisation libère du temps pour des activités plus créatives en simplifiant les aspects logistiques de votre présence sur les réseaux sociaux.

Gestion Équilibrée des Plateformes : Répartissez votre temps de manière équilibrée sur différentes plateformes. Assurez-vous de ne pas concentrer excessivement vos efforts sur une seule, à moins qu'elle ne soit au cœur de vos objectifs.

Temps de Détente et de Recharge : Accordez une attention particulière au temps de détente et de recharge.

L'épuisement peut nuire à la créativité, donc prévoyez des moments pour vous ressourcer, que ce soit à travers la méditation, la lecture ou toute autre activité apaisante.

Flexibilité dans la Planification :

Restez flexible dans votre planification. Les imprévus peuvent survenir, et une approche flexible vous permet de vous adapter sans compromettre votre productivité.

En gérant efficacement votre temps, vous créez un environnement propice à la créativité continue, à la croissance professionnelle et à une présence durable sur les réseaux sociaux. La gestion équilibrée du temps est la clé d'une productivité qui dure dans le temps.

Chapitre 210 : L'Évolution Permanente dans le Paysage des Réseaux Sociaux

Dans ce chapitre, nous explorons la nécessité d'une adaptation continue face à l'évolution constante du paysage des réseaux sociaux. Comprendre les changements, anticiper les tendances et ajuster votre stratégie sont des éléments clés pour maintenir une présence efficace au fil du temps.

Veille Active sur les Tendances :
Restez constamment informé des tendances émergentes. La veille active vous permet d'anticiper les changements

et d'ajuster votre contenu en conséquence.

Adaptabilité aux Nouvelles Plateformes : Soyez prêt à explorer de nouvelles plateformes. Les réseaux sociaux émergents peuvent offrir des opportunités uniques, alors gardez un œil sur ces développements et évaluez leur pertinence pour votre stratégie.

Intégration de Nouvelles Fonctionnalités : Explorez les nouvelles fonctionnalités sur les plateformes existantes. Les mises à jour constantes offrent souvent des moyens innovants d'engager votre audience, alors intégrez ces fonctionnalités de manière stratégique.

Adaptation à l'Évolution des Algorithmes : Comprenez les changements dans les algorithmes des plateformes. Les ajustements algorithmiques peuvent influencer la visibilité de votre contenu, donc adaptez votre stratégie pour maintenir une portée optimale.

Analyse des Retours de l'Audience :

Écoutez attentivement les retours de votre audience. Leurs commentaires peuvent fournir des indications précieuses sur ce qui fonctionne, ce qui ne fonctionne pas et sur les ajustements nécessaires à votre approche.

Participation aux Conversations en Cours :

Engagez-vous dans les conversations en cours. Soyez au courant des sujets d'actualité et participez de manière authentique, montrant ainsi que votre contenu est à jour et pertinent.

Collaboration avec des Créateurs Émergents :
Explorez des collaborations avec des créateurs émergents. Ces partenariats peuvent vous connecter à de nouvelles audiences et injecter une fraîcheur créative dans votre contenu.
Formation Continue :Investissez dans votre formation continue. Les cours en ligne, les webinaires et les ressources éducatives vous permettent de rester à jour sur les meilleures pratiques et les dernières tendances.En embrassant l'évolution permanente du paysage des réseaux sociaux, vous vous positionnez pour une présence durable et pertinente. L'adaptabilité devient une compétence cruciale pour prospérer dans cet environnement en constante évolution.

Chapitre 211 : La Création de Communautés Engagées

Dans ce chapitre, nous aborderons la stratégie de création de communautés engagées sur les réseaux sociaux. Construire une communauté forte va au-delà de la simple croissance du nombre de followers ; c'est aboutir à une audience engagée, fidèle et interactive.
Identité de Communauté :
Définissez une identité claire pour votre communauté. Quelles sont les valeurs partagées, les intérêts communs et la mission de votre communauté ? Créez

une base solide pour renforcer le sentiment d'appartenance.

Interaction Active :

Favorisez une interaction active au sein de la communauté. Posez des questions, encouragez les discussions, et répondez aux commentaires pour créer un environnement participatif.

Contenu Génératif :

Encouragez la création de contenu génératif par votre communauté. Les concours, les défis créatifs et les fonctionnalités de partage peuvent inspirer vos membres à contribuer activement.

Événements Communautaires :

Organisez des événements communautaires. Des sessions de questions-réponses en direct, des webinaires, ou même des rencontres en personne si possible, renforcent les liens au sein de la communauté.

Reconnaissance des Membres Actifs :
Reconnaissez et mettez en avant les membres actifs. Que ce soit à travers des fonctionnalités spéciales, des mentions spéciales ou des récompenses, montrez votre appréciation envers ceux qui contribuent positivement.

Favoriser l'Inclusivité :
Cultivez un environnement inclusif. Assurez-vous que tous les membres se sentent bienvenus et respectés, quel que soit leur niveau d'engagement ou d'expertise.

Synchronisation avec les Besoins de la Communauté :

Évoluez en fonction des besoins de la communauté. Restez à l'écoute des retours, ajustez votre contenu et votre approche pour répondre aux attentes changeantes de votre audience.

Utilisation de Plateformes de Groupe : Explorez les plateformes de groupe dédiées. Des groupes Facebook, aux communautés sur Discord, offrent des espaces plus intimes pour des échanges significatifs.

La création d'une communauté engagée sur les réseaux sociaux va au-delà de la diffusion de contenu. C'est une collaboration dynamique entre vous et votre audience, construisant ainsi des relations durables et une base solide pour le succès continu de votre présence en ligne.

Chapitre 212 : L'Impact Positif par le Biais du Contenu Social

Dans ce chapitre, nous explorerons comment créer un impact positif à travers votre contenu sur les réseaux sociaux. En utilisant votre influence de manière constructive, vous pouvez inspirer, éduquer et mobiliser votre audience pour des causes importantes.

Choix de Thèmes Responsables : Sélectionnez des thèmes qui ont un impact positif. Que ce soit la durabilité, l'équité sociale, ou d'autres causes, orientez votre contenu vers des sujets qui contribuent au bien-être global.

Partenariats avec des Organisations à But Non Lucratif :
Collaborez avec des organisations à but non lucratif. Partenariats avec des organisations caritatives ou des causes sociales peuvent donner à votre audience l'opportunité de contribuer à des actions positives.

Sensibilisation à des Problèmes Importants :
Utilisez votre plateforme pour sensibiliser à des problèmes importants. Éduquez votre audience sur des questions telles que la santé mentale, l'environnement, ou d'autres sujets qui nécessitent une plus grande attention.

Campagnes de Collecte de Fonds :
Organisez des campagnes de collecte de fonds. Utilisez votre influence pour

mobiliser des fonds en faveur de causes charitables, en mettant en place des campagnes de dons avec des incitations pour encourager la participation.

Contenu Inspirant et Motivant :

Créez du contenu qui inspire et motive. Partagez des histoires de réussite, des messages inspirants, et des conseils positifs pour encourager votre audience dans ses propres aspirations.

Promotion de l'Éducation :

Favorisez la promotion de l'éducation. Partagez des ressources éducatives, encouragez la curiosité intellectuelle et contribuez à l'éducation de votre audience sur des sujets divers.

Responsabilité Environnementale :

Intégrez la responsabilité environnementale dans votre contenu.

Partagez des pratiques durables, soutenez des initiatives écologiques et encouragez des habitudes de vie respectueuses de l'environnement. Encouragement à l'Action Positive : Encouragez votre audience à poser des actions positives. Qu'il s'agisse de petites actions quotidiennes ou de participations à des événements bénévoles, motivez votre communauté à contribuer au bien commun.

En orientant votre contenu vers des causes positives, vous transformez votre présence sur les réseaux sociaux en un catalyseur d'impact positif. Cela va au-delà de la simple visibilité pour créer un véritable changement inspirant et mobilisant.

Chapitre 213 : L'Équilibre Entre Vie Numérique et Vie Réelle

Dans ce chapitre, nous aborderons l'importance de maintenir un équilibre sain entre votre vie numérique et votre vie réelle. Alors que les réseaux sociaux offrent d'incroyables opportunités, il est essentiel de ne pas laisser votre présence en ligne dominer votre bien-être hors ligne.

Établissement de Limites de Temps : Définissez des limites de temps pour votre présence sur les réseaux sociaux. Allouez des moments spécifiques pour l'interaction en ligne tout en préservant des périodes sans écrans pour vous concentrer sur des activités hors ligne.

Pratique de la Pleine Conscience : Intégrez des pratiques de pleine conscience. Prenez le temps de vous déconnecter mentalement des réseaux sociaux, en pratiquant la pleine conscience à travers la méditation, la marche ou d'autres activités relaxantes.

Priorité à la Vie Sociale Hors Ligne : Donnez la priorité à votre vie sociale hors ligne. Les interactions en face-à-face sont précieuses, alors assurez-vous de consacrer du temps à vos relations dans le monde réel.

Activités Hobbies Déconnectées : Engagez-vous dans des activités et des hobbies déconnectés. Que ce soit la lecture, le jardinage, la peinture, ou tout autre passe-temps, diversifiez vos activités pour maintenir un équilibre.

Éloignement Périodique des Écrans : Pratiquez l'éloignement périodique des écrans. Planifiez des journées ou des moments où vous réduisez significativement votre utilisation des réseaux sociaux pour favoriser une déconnexion bénéfique.

Définition d'Objectifs Hors Ligne : Établissez des objectifs pour votre vie hors ligne. Que ce soit des objectifs professionnels, personnels ou de bien-être, définissez des aspirations qui ne sont pas liées à votre présence sur les réseaux sociaux.

Favoriser des Relations Significatives : Favorisez des relations significatives en personne. Les interactions physiques avec des amis, la famille et d'autres proches contribuent grandement à votre bien-être global.

Auto-Évaluation du Bien-Être Numérique : Évaluez régulièrement votre bien-être numérique. Soyez attentif aux signes de fatigue numérique et ajustez votre utilisation des réseaux sociaux en conséquence.

En établissant un équilibre sain entre votre vie numérique et votre vie réelle, vous favorisez une existence plus riche, plus équilibrée et plus épanouissante. L'utilisation consciente des réseaux sociaux contribue à une vie numérique qui soutient, plutôt que domine, votre bien-être global.

Chapitre 214 : L'Importance de la Sécurité en Ligne

Dans ce chapitre, nous aborderons l'importance cruciale de la sécurité en ligne. Protéger votre présence sur les réseaux sociaux va au-delà de la simple confidentialité ; c'est aussi garantir que votre expérience en ligne est positive, sûre et exempte de risques inutiles. Gestion Prudente des Informations Personnelles :
Adoptez une gestion prudente de vos informations personnelles. Limitez la quantité d'informations sensibles que vous partagez en ligne et assurez-vous

de comprendre les paramètres de confidentialité de chaque plateforme.

Utilisation de Mots de Passe Forts :

Choisissez des mots de passe forts et uniques pour chaque compte. Les mots de passe robustes renforcent la sécurité de vos comptes en ligne, minimisant les risques d'accès non autorisé.

Authentification à Deux Facteurs :

Activez l'authentification à deux facteurs. Cette couche de sécurité supplémentaire renforce la protection de vos comptes, nécessitant une vérification supplémentaire au-delà du mot de passe.

Vérification des Paramètres de Confidentialité :

Vérifiez régulièrement les paramètres de confidentialité de vos comptes. Les plateformes sociales mettent souvent à jour leurs fonctionnalités, alors assurez-vous que vos paramètres sont configurés selon vos préférences actuelles.

Vigilance contre le Hameçonnage : Soyez vigilant contre le hameçonnage. Évitez de cliquer sur des liens suspects ou de partager des informations sensibles en réponse à des messages non sollicités.

Méfiance envers les Demandes d'Amis Inattendues : Soyez méfiant envers les demandes d'amis inattendues. Certains profils peuvent être créés dans le but de collecter des informations ou de mener des activités malveillantes.

Éducation Continuelle sur la Sécurité :

Continuez votre éducation sur la sécurité en ligne. Restez informé des dernières menaces, des pratiques de sécurité recommandées et des outils de protection disponibles.

Suppression Régulière des Comptes Inutilisés :

Supprimez les comptes inutilisés ou non nécessaires. La réduction du nombre de comptes réduit votre surface d'attaque potentielle.

En intégrant des pratiques de sécurité en ligne dans votre routine, vous protégez votre présence sur les réseaux sociaux, préservant ainsi votre confidentialité, votre réputation et votre expérience en ligne globale.

Chapitre 215 : La Gestion des Commentaires et des Retours sur les Réseaux Sociaux

Dans ce chapitre, nous explorerons des stratégies efficaces pour gérer les commentaires et les retours sur les réseaux sociaux. Une gestion habile favorise une communauté engagée et contribue à maintenir une image positive en ligne.

Réponse Rapide et Considérée : Priorisez les réponses rapides et réfléchies. Les utilisateurs apprécient une réactivité rapide, mais assurez-vous également que vos réponses sont bien réfléchies pour éviter les malentendus.

Filtrage des Commentaires Inappropriés :
Filtrez les commentaires inappropriés. Utilisez les paramètres de modération disponibles sur différentes plateformes pour éliminer les commentaires offensants, les spams ou toute autre forme d'inconduite.

Mise en Avant des Commentaires Constructifs :
Mettez en avant les commentaires constructifs. En mettant en valeur les retours positifs ou les commentaires qui ajoutent de la valeur à la discussion, vous encouragez une culture d'interaction positive.Évitement des Confrontations Publiques :Évitez les confrontations publiques. Si des commentaires négatifs

ou critiques surviennent, envisagez de traiter ces problèmes en privé pour éviter de les amplifier publiquement.Reconnaissance des Erreurs :Reconnaissez les erreurs de manière transparente. Si vous faites une erreur, soyez prêt à le reconnaître et à fournir des solutions ou des explications lorsque cela est approprié.Savoir Ignorer Certains Commentaires :Apprenez à ignorer certains commentaires. Il est impossible de plaire à tout le monde, et certains commentaires peuvent être simplement malveillants. Apprenez à ne pas laisser ces réactions vous affecter de manière excessive.Analyse des Retours pour l'Amélioration Continue :Utilisez les retours pour l'amélioration continue. Analysez les commentaires constructifs pour identifier des domaines où vous pouvez ajuster votre approche, votre contenu ou d'autres aspects de votre présence en ligne.Encouragement des Échanges Positifs entre Abonnés :Favorisez les échanges positifs entre vos abonnés. Créez un environnement où votre communauté peut s'entraider, partager des expériences positives et créer des liens.En adoptant une approche proactive et positive pour gérer les commentaires et les retours sur les réseaux sociaux, vous contribuez à cultiver une communauté engagée et à maintenir une réputation positive en ligne.

Chapitre 216 : La Création de Contenu Visuel Impactant

Dans ce chapitre, nous explorerons l'art de créer un contenu visuel impactant sur les réseaux sociaux. Des images accrocheuses aux vidéos captivantes, le contenu visuel joue un rôle essentiel dans l'engagement de votre audience.
Choix d'Images et de Graphiques de Qualité :Optez pour des images et des graphiques de haute qualité. Des visuels nets et professionnels renforcent la crédibilité de votre contenu et captent l'attention de votre audience.Considération de la Cohérence Visuelle :Maintenez une cohérence visuelle. Utilisez des couleurs, des polices

et des styles graphiques cohérents pour créer une identité visuelle reconnaissable sur l'ensemble de vos plateformes.Utilisation de Visuels Personnalisés :Intégrez des visuels personnalisés. Créez du contenu original, qu'il s'agisse de photos exclusives, d'illustrations uniques ou de graphiques conçus spécialement pour votre marque.Storytelling Visuel :Adoptez le storytelling visuel. Racontez des histoires à travers vos visuels pour créer une connexion émotionnelle avec votre audience, stimulant ainsi l'engagement.Formats Variés pour la Diversité :Expérimentez avec divers formats. Des images statiques aux carrousels, en passant par les vidéos et les infographies, diversifiez vos formats pour maintenir l'intérêt de votre public.Optimisation pour Différentes Plateformes :Optimisez vos visuels pour chaque plateforme. Comprenez les spécificités de chaque réseau social en termes de tailles d'image et de préférences visuelles pour maximiser l'impact.Intégration de Call-to-Action Visuels :Intégrez des appels à l'action visuels. Guidez votre audience vers des actions spécifiques en incorporant des éléments visuels tels que des boutons ou des annotations.Test et Analyse de la Réponse Visuelle :Effectuez des tests et analysez la réponse visuelle. Explorez différents styles, thèmes visuels et types de contenu pour identifier ce qui fonctionne le mieux auprès de votre audience.En maîtrisant l'art de créer un contenu visuel impactant, vous élevez la qualité de votre présence sur les réseaux sociaux, attirant ainsi l'attention et l'engagement de votre audience de manière significative.

Chapitre 217 : La Stratégie de Contenu Vidéo pour une Présence Puissante

Dans ce chapitre, nous aborderons la puissance de la stratégie de contenu vidéo pour renforcer votre présence sur les réseaux sociaux. Les vidéos offrent un moyen dynamique et engageant de connecter avec votre audience.

Définition d'Objectifs Clairs :

Définissez des objectifs clairs pour votre contenu vidéo. Que ce soit accroître l'engagement, générer des leads, ou éduquer votre audience, avoir des objectifs déterminés guide la création de contenu.

Création de Vidéos de Qualité :
Optez pour une production vidéo de haute qualité. Des vidéos bien produites renforcent la crédibilité de votre contenu et captent l'attention de manière plus efficace.

Diversité de Contenu Vidéo :
Diversifiez votre contenu vidéo. Explorez des formats tels que les tutoriels, les interviews, les vidéos éducatives, les storytimes, les vidéos en direct, et plus encore pour maintenir l'intérêt.

Optimisation pour la Plateforme :
Optimisez vos vidéos pour chaque plateforme. Comprenez les spécificités de chaque réseau social en termes de durée maximale de vidéo, de dimensions, et

d'expérience utilisateur pour une visibilité optimale.

Appels à l'Action dans les Vidéos : Intégrez des appels à l'action dans vos vidéos. Guidez votre audience vers des actions spécifiques, que ce soit en encourageant les commentaires, les partages, les abonnements, ou en les dirigeant vers un site externe.

Engagement Continu avec les Abonnés : Favorisez l'engagement continu avec vos abonnés. Répondez aux commentaires, posez des questions pour stimuler la participation, et tenez compte des retours pour orienter vos futurs contenus vidéo.

Utilisation de Miniatures Attrayantes : Créez des miniatures attrayantes. Les miniatures sont souvent le premier élément visuel que votre audience voit, donc assurez-vous qu'elles sont accrocheuses et représentent bien le contenu de la vidéo.

Analyse des Performances Vidéo : Analysez les performances de vos vidéos. Utilisez les données analytiques pour évaluer quel type de contenu vidéo résonne le mieux avec votre audience et ajustez votre stratégie en conséquence.

En incorporant judicieusement la vidéo dans votre stratégie de contenu, vous maximisez votre impact, atteignez une audience plus large et construisez une présence en ligne plus dynamique et mémorable.

Chapitre 218 : La Collaboration Fructueuse avec d'Autres Créateurs

Dans ce chapitre, nous explorerons l'importance et les avantages de la collaboration avec d'autres créateurs sur les réseaux sociaux. Travailler avec des partenaires peut enrichir votre contenu, élargir votre audience et créer des opportunités nouvelles.

Identification de Partenaires Pertinents : Identifiez des partenaires pertinents. Recherchez des créateurs dont le style, la thématique ou l'audience complètent la vôtre, créant ainsi une synergie pour une collaboration harmonieuse.

Établissement d'Objectifs Communs :

Définissez des objectifs communs. Assurez-vous que les objectifs de la collaboration sont clairs pour toutes les parties impliquées, que ce soit l'augmentation de l'audience, la création de contenu spécifique, ou toute autre ambition partagée.

Planification Collaborative du Contenu :

Collaborez sur la planification du contenu. Travailler ensemble sur des idées, des scripts, ou des concepts peut conduire à des résultats plus créatifs et harmonieux.

Mise en Œuvre de Campagnes Conjointes :

Mettez en œuvre des campagnes conjointes. Des concours, des séries de vidéos, ou des projets spéciaux peuvent être des moyens puissants de maximiser l'impact de votre collaboration.

Promotion Croisée :

Faites de la promotion croisée. Partagez le contenu de votre partenaire sur vos plateformes et encouragez votre audience à faire de même. Cela élargit la portée de votre collaboration.Échange de Compétences et de Connaissances :Profitez de l'échange de compétences et de connaissances. Chaque créateur apporte une expertise unique, alors utilisez cette collaboration pour apprendre les uns des autres et améliorer vos compétences respectives.

Gestion Transparente des Attentes : Assurez une gestion transparente des attentes. Clarifiez les rôles, les responsabilités, et les délais dès le début pour éviter toute confusion ou frustration pendant la collaboration.Évaluation et Analyse Post-Collaboration :Évaluez la collaboration après son terme. Analysez les résultats, discutez des points forts et des points à améliorer, et utilisez ces informations pour perfectionner vos futures collaborations.

En collaborant avec d'autres créateurs, vous élargissez votre horizon créatif, renforcez votre réseau, et créez des opportunités pour une croissance mutuelle sur les réseaux sociaux. La collaboration est une stratégie puissante pour diversifier votre contenu et offrir une expérience enrichissante à votre audience.

Chapitre 219 : La Monétisation Réfléchie sur les Réseaux Sociaux

Dans ce chapitre, nous examinerons des approches réfléchies pour la monétisation sur les réseaux sociaux. Transformer votre passion en source de revenus peut être réalisable, mais cela nécessite une stratégie bien pensée pour maintenir l'authenticité et la confiance de votre audience.

Identification de Voies de Monétisation Appropriées :

Identifiez des voies de monétisation appropriées à votre contenu. Que ce soit par le biais de partenariats, de placements de produits, de l'affiliation, de la création de contenu payant, ou d'autres méthodes, choisissez celles qui correspondent à votre style et à votre audience.

Maintien de l'Authenticité :

Préservez l'authenticité de votre contenu. Évitez de saturer votre contenu avec des promotions excessives qui pourraient diluer la confiance de votre audience. La clarté et la transparence sont essentielles.

Partenariats Sélectifs :

Optez pour des partenariats sélectifs. Choisissez des partenaires dont les valeurs et les produits correspondent à votre audience et à votre niche, offrant ainsi une expérience cohérente.

Évaluation Juste de la Valeur :

Évaluez justement la valeur de votre contenu. Lorsque vous décidez de tarifer votre contenu, assurez-vous que la valeur perçue par votre audience est équivalente, voire supérieure, à ce qu'ils investissent.

Considération des Abonnements et Dons :Explorez les options d'abonnements et de dons. Certaines plateformes offrent des fonctionnalités qui permettent à votre audience de vous soutenir financièrement directement, ce qui peut être une voie viable de monétisation.Diversification des Sources de Revenus :Diversifiez vos sources de revenus. Ne dépendez pas exclusivement d'une seule voie de monétisation. La diversification réduit les risques et crée une stabilité financière.Communication Transparente avec l'Audience :Communiquez de manière transparente avec votre audience. Expliquez les raisons derrière vos choix de monétisation et assurez-vous que votre audience comprend comment cela contribue à la qualité de votre contenu.

Adaptabilité aux Retours de l'Audience : Soyez adaptable aux retours de votre audience. Si des ajustements sont nécessaires, écoutez les commentaires de votre communauté et ajustez votre stratégie de monétisation en conséquence.En adoptant une approche réfléchie de la monétisation, vous pouvez créer une source de revenus durable tout en préservant la confiance et l'engagement de votre audience sur les réseaux sociaux.

Chapitre 220 : L'Évolution Continuelle de Votre Stratégie sur les Réseaux Sociaux

Dans ce chapitre, nous aborderons l'importance de l'évolution continue de votre stratégie sur les réseaux sociaux. Les tendances, les plateformes et les préférences de l'audience évoluent constamment, et votre capacité à vous adapter est essentielle pour maintenir une présence dynamique et réussie. Surveillance des Tendances Émergentes : Restez à l'affût des tendances émergentes. Les réseaux sociaux évoluent rapidement, alors surveillez les nouvelles fonctionnalités, les formats de contenu populaires et les changements d'algorithme qui pourraient influencer votre stratégie.

Analyse Régulière des Performances :
Analysez régulièrement les performances de votre contenu. Utilisez les analyses pour comprendre ce qui fonctionne bien, quels types de contenu génèrent le plus d'engagement, et ajustez votre stratégie en conséquence.

Écoute Active de l'Audience :
Pratiquez une écoute active de votre audience. Les commentaires, les retours et les tendances émergentes dans les conversations en ligne peuvent fournir des indications importantes sur les préférences de votre public.

Adaptation aux Nouveaux Formats :

Adaptez-vous aux nouveaux formats de contenu. Les plateformes introduisent souvent de nouveaux formats, tels que les stories, les vidéos en direct, ou d'autres fonctionnalités. Explorez ces formats pour diversifier votre contenu.
Test et Expérimentation :
Conduisez des tests et expérimentez. Ne craignez pas d'essayer de nouvelles idées, des angles différents, ou des approches créatives. Les expérimentations peuvent révéler des opportunités inattendues.
Optimisation de la Fréquence de Publication :
Optimisez la fréquence de publication. Trouvez le juste équilibre entre la régularité des publications et la qualité du contenu. Adaptationnez votre fréquence

en fonction de la réaction de votre audience.

Formation Continue :Investissez dans votre formation continue. Les évolutions constantes dans le monde des réseaux sociaux nécessitent une mise à jour constante de vos compétences et de vos connaissances.Intégration de Retours Constructifs :Intégrez les retours constructifs dans votre stratégie. Les commentaires de votre audience peuvent être une source précieuse pour orienter vos choix et ajuster votre approche.En embrassant l'évolution continue, vous serez mieux positionné pour rester pertinent, engageant et influent sur les réseaux sociaux. L'adaptabilité est une qualité cruciale pour une présence en ligne florissante.

Chapitre 221 : La Responsabilité Éthique sur les Réseaux Sociaux

Dans ce chapitre, nous explorerons la responsabilité éthique qui accompagne votre présence sur les réseaux sociaux. En tant que créateur de contenu, il est essentiel d'adopter une approche éthique pour bâtir une communauté respectueuse et durable.

Respect de la Diversité et de l'Inclusion : Priorisez le respect de la diversité et de l'inclusion. Créez un espace accueillant pour tous, en évitant tout contenu discriminatoire, offensant ou excluant.

Favorisez la diversité des voix et des perspectives.

Vérification des Faits et Sources :

Vérifiez les faits et les sources. Avant de partager des informations, assurez-vous qu'elles sont précises et provenant de sources fiables. Évitez la propagation de fausses nouvelles ou de désinformation.

Transparence dans les Partenariats et la Monétisation :

Favorisez la transparence dans les partenariats et la monétisation. Informez clairement votre audience des partenariats, des promotions, et des sources de revenus. La confiance de votre audience repose sur la transparence.

Respect de la Vie Privée :

Respectez la vie privée. Évitez la collecte non consensuelle d'informations personnelles, et assurez-vous de comprendre et de respecter les politiques de confidentialité des plateformes que vous utilisez.

Évitement de l'Exploitation et de la Manipulation :

Évitez l'exploitation et la manipulation. Ne tirez pas avantage de la vulnérabilité de votre audience, et évitez les tactiques de manipulation psychologique dans votre contenu.Réponse Éthique aux Commentaires et Retours :Répondez de manière éthique aux commentaires et aux retours. Soyez ouvert aux critiques constructives, et évitez les réponses offensantes ou agressives. Encouragez un dialogue respectueux.Engagement

Responsable dans les Débats :Engagez-vous de manière responsable dans les débats en ligne. Évitez les discours haineux, les attaques personnelles, et encouragez plutôt des conversations constructives, même en cas de désaccord.Promotion de Comportements Positifs :Promouvez des comportements positifs. Encouragez l'empathie, l'entraide, et la bienveillance au sein de votre communauté. Soyez un exemple de comportement en ligne responsable.En adoptant une approche éthique sur les réseaux sociaux, vous construisez une présence en ligne qui non seulement prospère, mais qui contribue également à un environnement en ligne plus positif et respectueux pour tous.

Chapitre 222 : La Durabilité
Environnementale dans Votre Présence
sur les Réseaux Sociaux

Dans ce chapitre, nous explorerons
l'importance de l'intégration de la
durabilité environnementale dans votre
présence sur les réseaux sociaux. En tant
que créateur de contenu, vous pouvez
contribuer à la protection de
l'environnement à travers des choix
conscients.
Réduction de l'Impact Carbone :
Évaluez et réduisez votre impact carbone.
Considérez les aspects
environnementaux liés à votre activité en

ligne, tels que la consommation d'énergie des serveurs ou votre propre empreinte carbone, et explorez des moyens de minimiser ces impacts.
Choix Responsables de Plateformes :

Collabore avec des organisations écologiques. Si tu cherches à monétiser ton contenu, choisis des partenariats avec des marques ou des organisations qui partagent un engagement envers la durabilité.
Économie d'Énergie et Utilisation de Ressources :
Économise l'énergie et utilise les ressources de manière responsable. Éteins les équipements lorsque tu ne les utilises pas, privilégie les fournisseurs d'énergie verte, et minimise l'empreinte carbone de tes activités.

Réduction de l'Impact des Déplacements :
Réduis l'impact des déplacements. Lorsque
c'est possible, privilégie les réunions
virtuelles pour réduire les déplacements,
contribuant ainsi à la réduction des
émissions de carbone.

Encouragement à des Achats Réfléchis :
Encourage des achats réfléchis. Si tu
recommandes des produits, souligne la
qualité, la durabilité, et l'impact
environnemental positif pour encourager
des choix de consommation plus
conscients.

Promotion de l'Upcycling et du Recyclage :
Promeus l'upcycling et le recyclage.
Partage des idées créatives pour réutiliser
les objets et minimise ainsi la production de
déchets, tout en promouvant le recyclage
responsable.

Évolution vers une Infrastructure Numérique Verte :

Soutiens une infrastructure numérique verte. Choisis des fournisseurs de services et d'hébergement qui adoptent des pratiques respectueuses de l'environnement, contribuant ainsi à une consommation d'énergie plus propre.

En adoptant des pratiques durables, tu peux contribuer positivement à la préservation de l'environnement tout en influençant ton audience à faire de même. Un changement collectif vers des pratiques plus écologiques peut avoir un impact significatif.

Chapitre 223 : La Gestion de la Pression Sociale en Ligne

Dans ce chapitre, nous explorerons la gestion de la pression sociale en ligne en tant que créateur de contenu sur les réseaux sociaux. Les créateurs peuvent parfois ressentir des pressions liées à la comparaison, aux attentes et aux normes sociales, et savoir comment naviguer est essentiel pour préserver la santé mentale. Acceptation de l'Individualité :
Accepte ton individualité. Reconnaît que chaque créateur de contenu est unique, avec son style, ses idées, et son parcours.

Ne te compare pas excessivement aux autres.

Établissement de Limites Personnelles :
Établis des limites personnelles. Définis clairement ce que tu es prêt à partager en ligne et ce que tu préfères garder privé. Respecte ces limites pour maintenir ton bien-être mental.

Focus sur le Processus Créatif :
Concentre-toi sur le processus créatif. Au lieu de mettre l'accent uniquement sur les résultats, apprécie le voyage créatif, les apprentissages et les expériences qui enrichissent ton parcours.

Gestion des Attentes Réalistes :
Gère des attentes réalistes. Définis des objectifs réalisables et évite de te fixer des attentes irréalistes qui pourraient générer du stress inutile.

Utilisation Positif de la Rétroaction :

Utilise positivement la rétroaction. Apprends à tirer parti des critiques constructives pour améliorer ton travail, tout en filtrant les commentaires négatifs non constructifs.

Priorisation de la Santé Mentale :
Priorise ta santé mentale. Si tu ressens une pression excessive, prends du recul, accorde-toi des pauses, et n'hésite pas à chercher du soutien auprès d'amis, de la famille ou de professionnels.

Éducation de l'Audience sur la Réalité :
Éduque ton audience sur la réalité. Partage de manière transparente les hauts et les bas de ton parcours pour montrer que la vie de créateur de contenu n'est pas toujours parfaite.

Filtrage de l'Information Consommée :
Filtre l'information que tu consommes. Sois sélectif dans les contenus que tu suis et

choisis des sources qui t'inspirent positivement plutôt que de susciter des sentiments négatifs.

Éloignement de la Course aux Chiffres : Éloigne-toi de la course aux chiffres. La croissance organique et l'engagement authentique sont souvent plus précieux que de simplement rechercher des chiffres élevés de followers.

Reconnaissance des Succès Personnels : Reconnais tes succès personnels. Au lieu de te comparer constamment aux autres, célèbre les étapes et les réalisations individuelles qui construisent ton parcours unique.

Chapitre 224 : L'Héritage et l'Impact Durable en Ligne

Dans ce chapitre, nous explorerons la notion de l'héritage et de l'impact durable en tant que créateur de contenu sur les réseaux sociaux. Comment tu choisis de façonner ton héritage numérique peut avoir un impact significatif à long terme.
Réflexion sur l'Impact Souhaité :
Réfléchis à l'impact que tu souhaites laisser. Considère les valeurs que tu veux transmettre, les idées que tu veux promouvoir, et l'empreinte positive que tu désires laisser sur ta communauté.
Création de Contenu Éducatif et Inspirant :

Crée du contenu éducatif et inspirant.
Contribue à la connaissance collective en
partageant des informations utiles, des
histoires inspirantes et des conseils
pertinents dans ta niche.
Encouragement de la Créativité et de
l'Expression :
Encourage la créativité et l'expression.
Crée un espace où ta communauté se sent
libre de s'exprimer, d'explorer sa créativité,
et de contribuer à la diversité du contenu.
Intégration de Valeurs Durables :
Intègre des valeurs durables. Favorise des
valeurs éthiques, durables et inclusives
dans ton contenu, montrant ainsi ton
engagement envers des principes positifs.
Soutien aux Initiatives Caritatives et
Sociales :
Soutiens des initiatives caritatives et
sociales. Utilise ta plateforme pour

sensibiliser à des causes importantes et encourage la contribution à des œuvres caritatives ou sociales.

Établissement de Connexions Authentiques :

Établis des connexions authentiques. Crée des liens significatifs avec ton audience en partageant des expériences personnelles, en répondant aux commentaires, et en montrant que tu te soucies réellement de ta communauté.

Transmission de Savoir et d'Expérience : Transmets ton savoir et ton expérience. Partage tes compétences, enseigne aux autres, et contribue à l'apprentissage continu de ta communauté.

Inspiration de la Prochaine Génération : Inspire la prochaine génération. Sois un modèle positif pour les jeunes créateurs en montrant que la persévérance, l'éthique de travail, et la créativité peuvent conduire au succès.Gestion Responsable des Changements :Gère de manière responsable les changements. Si tu évolues dans ton contenu ou dans ta carrière, explique ces changements à ta communauté de manière transparente et respectueuse.Soin de l'Héritage Numérique :Prends soin de ton héritage numérique. Planifie la manière dont tu veux que ton contenu soit géré à long terme, assurant ainsi une préservation responsable de ton héritage en ligne.En façonnant consciemment ton héritage en ligne, tu peux créer un impact durable et positif qui va au-delà des tendances éphémères. Penser à l'héritage que tu veux laisser guidera tes choix et tes actions tout au long de ton parcours de créateur de contenu.

Chapitre 225 : L'Évolution Créative Continue

Dans ce chapitre, nous aborderons l'importance de l'évolution créative continue en tant que créateur de contenu sur les réseaux sociaux. La capacité à s'adapter, à innover et à évoluer est cruciale pour maintenir l'intérêt de ton audience et rester pertinent dans un paysage numérique en constante évolution.

Remise en Question Régulière :
Remets régulièrement en question ta créativité. Explore de nouvelles idées, remets en question tes méthodes habituelles, et sois ouvert à l'expérimentation pour éviter la stagnation.

Veille Créative et Tendances :

Reste à l'affût des tendances créatives. Garde un œil sur les évolutions de ta niche, les nouvelles tendances et les formats émergents, puis intègre-les de manière adaptée à ta propre créativité.

Apprentissage Continu :

Poursuis l'apprentissage continu. Reste curieux, investis dans ton développement personnel et professionnel, et explore de nouvelles compétences pour enrichir ton arsenal créatif.

Adaptation à l'Évolution de l'Audience :

Adapte-toi à l'évolution de ton audience. Comprends les changements dans les préférences et les attentes de ton public, ajuste ta stratégie en conséquence, et maintiens une connexion authentique.

Collaborations Créatives :

Engage-toi dans des collaborations créatives. Travailler avec d'autres créateurs peut apporter de nouvelles idées, des perspectives fraîches et une énergie innovante à ton contenu.

Investissement dans l'Équipement et la Technologie :

Investis dans l'équipement et la technologie. Garde ton matériel à jour, explore de nouveaux outils créatifs, et utilise la technologie pour améliorer la qualité de ton contenu.

Réinvention de Soi :

Sois prêt à te réinventer. Ne crains pas d'explorer de nouveaux sujets, de changer de format ou même de revoir ton image de marque si cela contribue à une évolution positive.

Écoute Active de l'Audience :

Écoute activement les retours de ton audience. Prends en compte les commentaires constructifs, les suggestions et les préférences de ton public pour guider tes ajustements créatifs.

Intégration de Retours sur l'Analyse de Données :

Utilise les données pour guider ta créativité. Analyse les performances de ton contenu, identifie ce qui fonctionne le mieux, et ajuste ta stratégie en fonction des données pour maximiser l'impact.

Gestion de l'Échec comme Opportunité d'Apprentissage :

Gère l'échec comme une opportunité d'apprentissage. Plutôt que de voir l'échec comme un obstacle, considère-le comme une occasion d'apprendre, de t'adapter et de grandir créativement.

L'évolution continue est la clé d'une carrière de créateur de contenu durable. En embrassant le changement, en restant flexible et en cultivant une mentalité d'apprentissage permanent, tu peux nourrir une créativité qui traverse les saisons et captive ton public.

Chapitre 226 : La Consistance et la Durabilité

Dans ce chapitre, nous aborderons la consistance comme un élément fondamental pour assurer la durabilité de ta présence en ligne en tant que créateur de contenu. Maintenir un engagement constant et une qualité de contenu élevée contribue à bâtir une base solide et à favoriser une croissance à long terme. Établissement d'un Calendrier de Publication :

Crée un calendrier de publication. Planifie à l'avance les jours et heures de publication, ce qui permet de maintenir une régularité dans la mise en ligne du contenu.

Qualité Prévaut sur la Quantité :
Privilégie la qualité sur la quantité. Plutôt que de surcharger ta plateforme de contenu, concentre-toi sur des créations significatives qui apportent une réelle valeur à ton audience.

Adaptation à un Rythme Soutenable :
Adapte-toi à un rythme soutenable. Choisis un rythme de publication qui correspond à tes capacités et qui te permet de maintenir une qualité constante sans sacrifier ta santé mentale.

Communication Transparente sur les Périodes de Pause :
Communique de manière transparente sur les périodes de pause. Si tu as besoin de faire une pause, informe ton audience. La

transparence renforce la connexion et la compréhension.

Engagement Actif avec l'Audience :

Maintiens un engagement actif. Réponds aux commentaires, participe aux discussions, et crée une atmosphère où ton audience se sent entendue et appréciée.

Thématiques Cohérentes et Reconnaissables :

Développe des thématiques cohérentes. Crée un contenu reconnaissable en explorant des sujets spécifiques qui sont alignés avec tes passions et les attentes de ton audience.

Analyse de la Rétroaction et des Performances :

Analyse la rétroaction et les performances. Examine les réactions de ton audience et les données analytiques pour comprendre ce qui fonctionne bien et ce qui peut être amélioré.

Intégration de l'Évolution Créative :
Intègre l'évolution créative de manière progressive. Apporte des changements avec intention, en communicant clairement sur les évolutions de ton contenu et en expliquant comment cela profitera à ton audience.

Gestion Éthique des Partenariats :
Gère de manière éthique les partenariats. Assure-toi que les collaborations et partenariats sont alignés avec tes valeurs et n'affectent pas négativement la confiance de ton audience.

Soutien d'une Mentalité Durable :
Favorise une mentalité durable. Encourage ton audience à adopter des habitudes de consommation conscientes et durables, renforçant ainsi une communauté engagée.

Chapitre 227 : La Création d'une Marque Personnelle Mémorable

Dans ce chapitre, nous explorerons la création d'une marque personnelle mémorable en tant que créateur de contenu sur les réseaux sociaux. Développer une identité forte contribue non seulement à la reconnaissance, mais aussi à la connexion durable avec ton audience.

Définition de Ton Identité :

Définis clairement ton identité. Réfléchis à tes valeurs, passions, et à ce qui te rend unique en tant que créateur, puis communique cela de manière cohérente.

Création d'une Image Cohérente :

Construis une image cohérente. Utilise des éléments visuels, tels que le design de ton logo, la palette de couleurs, et le style de tes images, pour créer une esthétique qui te distingue.

Développement d'une Voix Authentique : Développe une voix authentique. Ton style d'écriture et le ton de ta communication doivent refléter ta personnalité réelle, établissant ainsi une connexion plus profonde avec ton audience.

Considération des Valeurs et de l'Éthique : Intègre des valeurs et une éthique claires. Sois transparent sur ce qui est important pour toi, que ce soit la durabilité, l'inclusivité, ou d'autres principes, afin de construire une communauté partageant ces valeurs.

Engagement Actif sur les Réseaux Sociaux :

Sois activement engagé sur les réseaux sociaux. Réponds aux messages, commentaires et participes aux discussions pour montrer que tu es connecté avec ton audience.Création d'un Contenu Signature : Développe un contenu signature. Identifie un type de contenu ou un format spécifique qui te distingue, créant ainsi une empreinte reconnaissable dans ton domaine. Collaborations Alignées avec Ton Image : Choisis des collaborations alignées avec ton image. Les partenariats et collaborations doivent être cohérents avec ta marque personnelle, renforçant ainsi la crédibilité et la confiance.Soutien d'Œuvres Caritatives ou Sociales :Soutiens des œuvres caritatives ou sociales. L'engagement dans des causes importantes peut renforcer l'image positive de ta marque et montrer que tu utilises ta plateforme pour le bien.Évolution Réfléchie de l'Image de Marque :Évolue l'image de marque de manière réfléchie. Si tu choisis de faire évoluer ton image, assure-toi que ces changements sont bien communiqués et cohérents avec l'identité fondamentale de ta marque.Consistance dans la Présentation :Maintiens la consistance dans la présentation. Que ce soit sur les réseaux sociaux, sur ton site web, ou dans d'autres espaces, assure-toi que l'image que tu présentes est uniforme.La création d'une marque personnelle mémorable demande du temps et de la réflexion, mais elle est essentielle pour bâtir une connexion forte et durable avec ton audience. En restant fidèle à toi-même et en communiquant de manière cohérente, tu forges une identité qui résonne avec ceux qui te suivent.

Chapitre 228 : La Monétisation Éthique en Ligne

Dans ce chapitre, nous allons explorer la monétisation éthique en ligne en tant que créateur de contenu sur les réseaux sociaux. Gagner de l'argent grâce à ton contenu est une étape importante, mais le faire de manière éthique renforce la confiance de ton audience et contribue à la durabilité de ta carrière.

Transparence sur les Partenariats et les Affiliations :

Sois transparent sur les partenariats et les affiliations. Informe ton audience lorsque tu fais la promotion de produits ou de services en partenariat, en clarifiant toujours la nature de la collaboration.

Sélection de Partenariats Alignés avec Ta Marque :

Choisis des partenariats alignés avec ta marque. Sélectionne des marques ou des produits qui correspondent à tes valeurs et à l'identité que tu as développée, renforçant ainsi la cohérence.

Diversification des Sources de Revenus :

Diversifie les sources de revenus. Explore différentes façons de gagner de l'argent, que ce soit par les collaborations, les affiliations, la vente de produits, les dons de la part de l'audience, ou d'autres méthodes.

Création de Produits de Qualité :

Si tu crées des produits, assure-toi qu'ils sont de haute qualité. La création de produits qui répondent aux attentes de ton audience renforce la confiance et peut conduire à des ventes récurrentes.

Écoute Active des Retours sur les Produits :

Sois attentif aux retours sur les produits. Recueille et analyse les retours de ton audience sur les produits que tu recommandes ou que tu vends, en apportant des améliorations lorsque cela est nécessaire.

Prix Justes et Accessibles :

Établis des prix justes et accessibles. Si tu vends des produits ou services, assure-toi que les prix reflètent la valeur réelle et restent accessibles à ton public cible.

Soutien des Initiatives Caritatives :

Soutiens des initiatives caritatives. Si possible, associe des éléments de ta monétisation à des œuvres caritatives, montrant ainsi ton engagement envers des causes importantes.

Évite la surpromotion. Trop de publicités ou de promotions peuvent diminuer la crédibilité et l'authenticité de ton contenu. Maintiens un équilibre pour ne pas submerger ton audience.

Soin de l'Éthique de l'Engagement :

Gère l'éthique de l'engagement. Évite les pratiques d'engagement trompeuses ou non éthiques, telles que l'achat de followers, qui peuvent nuire à ta crédibilité.

Investissement dans la Qualité du Contenu Gratuit :

Continue d'investir dans la qualité du contenu gratuit. Bien que tu puisses monétiser ton contenu, assure-toi que la qualité de celui-ci, accessible gratuitement, reste élevée pour maintenir et attirer une audience fidèle.

La monétisation éthique repose sur la confiance et la valeur. En adoptant des pratiques transparentes et en maintenant la qualité de ton contenu, tu peux bâtir une carrière financièrement stable tout en préservant la confiance et le respect de ton audience.

Chapitre 229 : La Gestion du Temps et de l'Énergie

Dans ce chapitre, nous allons aborder la gestion efficace du temps et de l'énergie en tant que créateur de contenu sur les réseaux sociaux. Équilibrer la création de contenu, la vie personnelle et d'autres engagements est essentiel pour maintenir une carrière durable.

Établissement d'un Planning Structuré : Crée un planning structuré. Organise tes journées en dédiant des plages horaires spécifiques à la création de contenu, à la gestion de la plateforme, et à d'autres responsabilités.

Priorisation des Tâches :
Priorise tes tâches. Identifie les tâches les plus importantes et concentre-toi sur celles-ci en premier, minimisant ainsi le risque de procrastination ou de surcharge.
Utilisation Efficace des Outils de Gestion du Temps :
Explore des outils de gestion du temps. Utilise des applications et des outils qui t'aident à suivre et à gérer efficacement ton temps, tels que des applications de gestion de tâches ou des techniques de pomodoro.
Éviter la Multitâche Excessive :
Évite la multitâche excessive. Concentre-toi sur une tâche à la fois pour améliorer la qualité du travail et éviter le stress associé à la surcharge cognitive.
Inclusion de Temps de Repos :
Intègre des périodes de repos. Prends des pauses régulières pour te reposer

mentalement, ce qui favorise une productivité plus durable et évite l'épuisement.

Définition de Limites Temporelles :
Établis des limites temporelles. Définis des heures spécifiques pour le travail et des heures dédiées à la vie personnelle, créant ainsi une séparation claire entre les deux aspects de ta vie.

Gestion Équilibrée de la Vie Personnelle et Professionnelle :
Trouve un équilibre entre vie personnelle et professionnelle. Accorde du temps à tes proches, à tes hobbies, et à d'autres aspects de ta vie personnelle pour éviter le burn-out.

Apprentissage de la Délégation :
Apprends à déléguer. Si possible, délègue certaines tâches administratives ou

techniques pour te concentrer davantage sur la création de contenu.

Révision Régulière du Planning :

Révise régulièrement ton planning. Adapte ton emploi du temps en fonction des changements dans ta vie personnelle, des évolutions de ta carrière, ou des nouvelles opportunités qui se présentent.

Prise de Recul et d'Évaluation :

Prends du recul et évalue périodiquement. Réfléchis sur la façon dont tu as utilisé ton temps et ajuste tes méthodes en conséquence pour optimiser ton efficacité.

Chapitre 230 : La Création de Communauté Engagée

Dans ce chapitre, nous allons explorer la création et la gestion d'une communauté engagée en tant que créateur de contenu sur les réseaux sociaux. Une communauté solide contribue à la croissance durable de ta plateforme et à l'impact positif que tu peux avoir.

Favoriser l'Interaction :

Encourage l'interaction au sein de ta communauté. Pose des questions, lance des sondages, et invite ton public à partager ses opinions, créant ainsi un dialogue actif.

Création d'Espaces Communautaires :
Développe des espaces communautaires dédiés. Que ce soit sur des forums, des groupes de discussion, ou d'autres plateformes, crée des espaces où ta communauté peut se réunir pour discuter et partager.

Répondre Personnellement aux Commentaires :
Réponds personnellement aux commentaires. Prends le temps de répondre de manière individualisée aux commentaires de ton audience, montrant ainsi que tu apprécies et que tu es connecté.

Organisation d'Événements en Ligne :
Organise des événements en ligne. Que ce soit des sessions de questions-réponses, des diffusions en direct, ou des concours,

les événements en ligne renforcent l'engagement de la communauté.

Reconnaissance des Membres Actifs : Reconnais les membres actifs. Met en avant les contributeurs réguliers de ta communauté, que ce soit en les mentionnant dans tes publications ou en leur réservant des avantages spéciaux.

Soutien à la Création de Contenu par la Communauté :
Soutiens la création de contenu par la communauté. Encourage tes followers à créer et partager leur propre contenu en lien avec le tien, créant ainsi une communauté participative.

Établissement de Normes de Conduite :
Établis des normes de conduite claires. Crée des règles qui favorisent un environnement respectueux et inclusif au

sein de ta communauté, éliminant ainsi les comportements nuisibles.

Utilisation de Hashtags Communautaires : Utilise des hashtags communautaires. Crée des hashtags spécifiques à ta communauté, permettant aux membres de partager leur contenu sous une bannière commune.

Collaborations avec la Communauté : Collabore avec ta communauté. Implique tes followers dans des projets spéciaux, des idées de vidéos, ou d'autres initiatives, renforçant ainsi le sentiment d'appartenance.

Analyse des Retours de la Communauté : Analyse les retours de la communauté. Écoute les suggestions, les préoccupations et les idées de tes followers, ajustant ainsi ta stratégie en fonction de leurs besoins et attentes.

Chapitre 231 : L'Adaptation aux Changements Algorithmiques

Dans ce chapitre, nous allons discuter de l'importance de s'adapter aux changements algorithmiques sur les plateformes de médias sociaux en tant que créateur de contenu. Les algorithmes évoluent constamment, et comprendre comment s'ajuster peut avoir un impact significatif sur la visibilité de ton contenu.

Veille sur les Mises à Jour Algorithmiques : Reste informé des mises à jour algorithmiques. Suivre les annonces officielles de la plateforme et les analyses de spécialistes te permet d'anticiper les changements à venir.

Compréhension des Critères d'Algorithme :
Comprends les critères d'algorithme.
Explore les facteurs tels que l'engagement,
la pertinence, la fréquence de publication,
et d'autres éléments spécifiques à chaque
plateforme.
Adaptation du Format de Contenu :
Adapte le format de ton contenu. Si les
algorithmes favorisent certains types de
contenus (vidéos, images, articles), ajuste
ton approche pour correspondre à ces
préférences.
Expérimentation avec Divers Formats :
Expérimente avec divers formats. Teste
différents types de contenus pour voir ce
qui fonctionne le mieux selon les
changements algorithmiques, tout en
restant en phase avec les intérêts de ton
public.
Analyse des Données d'Engagement :

Analyse les données d'engagement. Surveille attentivement les statistiques d'engagement pour comprendre comment ton audience réagit aux ajustements que tu fais en réponse aux changements d'algorithme.

Collaboration avec d'Autres Créateurs : Collabore avec d'autres créateurs. Les collaborations peuvent aider à augmenter la visibilité, surtout si elles impliquent des créateurs qui ont déjà réussi à s'adapter aux nouveaux algorithmes.

Focus sur la Qualité plutôt que la Quantité : Mets l'accent sur la qualité plutôt que la quantité. Les algorithmes peuvent favoriser un contenu de haute qualité et pertinent plutôt qu'une surabondance de publications.

Encouragement à l'Engagement Actif :

Encourage l'engagement actif. Les algorithmes peuvent récompenser les contenus qui suscitent des commentaires, des partages, et d'autres interactions. Encourage ton audience à participer activement.

Utilisation des Fonctionnalités Nouvelles :
Utilise les nouvelles fonctionnalités. Les plateformes introduisent souvent de nouvelles fonctionnalités pour lesquelles les algorithmes peuvent montrer une préférence. Expérimente avec ces nouveautés.

Flexibilité dans la Stratégie :
Sois flexible dans ta stratégie. Les changements d'algorithme peuvent nécessiter des ajustements fréquents. Reste adaptable et prêt à modifier ta stratégie en fonction des résultats obtenus.

En comprenant comment les algorithmes influent sur la visibilité de ton contenu, tu peux ajuster ta stratégie pour maximiser l'impact. Une adaptation rapide et une approche expérimentale peuvent t'aider à rester pertinent malgré les évolutions constantes des algorithmes.

Chapitre 232 : La Narration Puissante pour Créateurs de Contenu

Dans ce chapitre, nous allons explorer l'art de la narration puissante en tant que créateur de contenu sur les réseaux sociaux. Une narration efficace peut captiver ton audience, susciter l'émotion, et renforcer la connexion avec tes followers.

Identification du Fil Conducteur :

Trouve le fil conducteur de ton récit. Identifie les thèmes récurrents, les expériences clés, ou les valeurs fondamentales qui peuvent servir de base à tes histoires.

Utilisation de l'Émotion :

Intègre l'émotion dans tes récits. Que ce soit de la joie, de l'empathie, du suspense, ou d'autres émotions, l'impact émotionnel renforce la mémorabilité de ton contenu.

Personnalisation des Histoires :

Personnalise tes histoires. Partage des expériences personnelles, des anecdotes authentiques, et des moments significatifs pour créer une connexion plus profonde avec ton audience.

Structuration Narrative :

Applique une structuration narrative. Utilise des éléments tels que l'introduction, le développement, et la conclusion pour construire des histoires bien équilibrées et engageantes.

Variété dans les Récits :

Apporte de la variété dans tes récits. Alterne entre différents types d'histoires, qu'elles soient inspirantes, instructives, humoristiques, ou réconfortantes, pour maintenir l'intérêt de ton audience.

Intégration de la Persuasion :

Intègre la persuasion de manière subtile. Si tu cherches à transmettre un message spécifique, utilise la narration pour persuader en racontant des histoires qui illustrent ce message de manière naturelle.

Appel à l'Action Narratif :

Ajoute un appel à l'action narratif. Encourage ton audience à réagir, partager, ou agir après avoir consommé ton contenu, transformant ainsi l'histoire en une expérience interactive.

Équilibre entre Information et Divertissement :

Trouve l'équilibre entre l'information et le divertissement. Même lors de la transmission de faits ou de conseils, raconte-les d'une manière engageante et accessible.

Incorporation de Témoignages :

Incorpore des témoignages. Si possible, partage des témoignages de ton audience ou de personnes influentes, renforçant ainsi la crédibilité de tes récits.

Évolution Narrative :

Permet une évolution narrative. Que ce soit sur le plan personnel ou professionnel, montre comment ton histoire évolue, créant ainsi un récit continu et captivant.

La narration puissante transcende l'information brute et établit une connexion émotionnelle avec ton audience. En maîtrisant cet art, tu peux transformer des concepts, des idées, et des expériences en des récits qui résonnent durablement avec ceux qui te suivent.

Chapitre 233 : L'Évolution Créative Continue

Dans ce chapitre, nous allons explorer l'importance de l'évolution créative continue en tant que créateur de contenu sur les réseaux sociaux. Le monde numérique est en constante évolution, et rester créatif est essentiel pour maintenir l'intérêt de ton audience.

Veille Créative :

Pratique la veille créative. Reste informé des tendances émergentes, des nouvelles fonctionnalités des plateformes, et des développements dans ton domaine de création.

Expérimentation avec de Nouveaux Formats :

Expérimente avec de nouveaux formats de contenu. Que ce soit des vidéos interactives, des infographies, des séries de stories, ou d'autres formats, l'expérimentation stimule la créativité.

Collaborations Créatives :

Collabore avec d'autres créateurs. Les collaborations peuvent apporter de nouvelles perspectives, des idées fraîches, et étendre ton audience à travers le réseau de collaborateurs.

Renouvellement de la Présentation Visuelle :

Renouvelle la présentation visuelle. Actualise ton design graphique, ta palette de couleurs, ou d'autres éléments visuels pour maintenir une esthétique moderne et attrayante.

Création de Contenu Interactif :
Intègre des éléments interactifs. Encourage l'engagement en ajoutant des sondages, des questions, ou d'autres éléments interactifs à ton contenu.

Exploration de Nouveaux Sujets :
Explore de nouveaux sujets. Élargis ta gamme de sujets pour capturer l'attention d'une audience plus diversifiée et stimuler ta propre curiosité créative.

Utilisation de la Créativité dans les Légendes :
Sois créatif dans tes légendes. La créativité dans l'écriture peut augmenter l'attrait de tes publications et encourager l'interaction.

Adaptation aux Retours de l'Audience :
Adapte-toi aux retours de l'audience. Prends en compte les commentaires, suggestions, et réactions pour ajuster ta

stratégie créative en fonction des préférences de ton public.

Investissement dans de Nouvelles Compétences :

Investis dans de nouvelles compétences. Apprends de nouvelles techniques de création, que ce soit en photographie, en montage vidéo, ou dans d'autres domaines pertinents à ta pratique.

Création d'une Identité Créative Cohérente :

Maintiens une identité créative cohérente. Bien que l'évolution soit essentielle, assure-toi que les changements restent alignés avec l'identité globale que tu as établie.

Chapitre 234 : La Gestion du Stress et de la Pression

Dans ce chapitre, nous allons explorer des stratégies efficaces pour gérer le stress et la pression en tant que créateur de contenu sur les réseaux sociaux. La vie numérique peut parfois être exigeante, et il est essentiel de maintenir un équilibre pour préserver ta santé mentale et physique. Identification des Sources de Stress : Identifie les sources de stress. Analyse les aspects spécifiques de ta vie de créateur de contenu qui génèrent du stress, que ce soit les délais, les commentaires négatifs, ou d'autres pressions.

Mise en Place de Limites :

Établis des limites claires. Définis des limites temporelles, des limites pour les commentaires, et d'autres restrictions nécessaires pour protéger ton bien-être.

Planification de Périodes de Repos :

Planifie des périodes de repos. Intègre des moments de pause dans ta journée pour te détendre, te ressourcer, et éviter la fatigue mentale.

Pratique d'Activités de Gestion du Stress :

Adopte des activités de gestion du stress. Que ce soit la méditation, le yoga, la respiration profonde, ou d'autres techniques, explore des pratiques qui t'aident à relâcher la tension.

Délégation des Tâches si Nécessaire :

Délègue des tâches si possible. Si tu es submergé par les responsabilités, envisage de déléguer certaines tâches administratives pour te concentrer sur la création de contenu.

Acceptation des Limitations :

Accepte tes propres limitations. Reconnais qu'il est impossible de tout faire parfaitement et que parfois, il est nécessaire de faire des compromis.

Communication avec Ton Audience :

Communique avec ton audience. Si tu ressens de la pression ou du stress, partage-le de manière authentique avec ton audience. Souvent, l'empathie des followers peut être surprenante et réconfortante.

Évitement de la Comparaison :

Évite la comparaison constante. Chaque créateur de contenu a son propre chemin. Se comparer à d'autres peut être source de stress inutile.

Priorisation des Tâches :

Priorise les tâches. Identifie les tâches les plus importantes et concentre-toi sur celles-ci en premier, réduisant ainsi la pression liée à un sentiment d'urgence constant.

Consultation de Professionnels :

Consulte des professionnels si nécessaire. Si le stress devient accablant, n'hésite pas à parler à un professionnel de la santé mentale qui peut fournir un soutien adapté.

Chapitre 235 : La Collaboration Créative avec la Communauté

Dans ce chapitre, nous allons explorer comment collaborer de manière créative avec ta communauté en tant que créateur de contenu sur les réseaux sociaux. Les collaborations ne se limitent pas seulement à d'autres créateurs, mais peuvent également inclure ton audience, renforçant ainsi le sentiment d'appartenance et la créativité collective.

Idées Collaboratives :

Encourage les idées collaboratives. Invites ta communauté à partager des idées de contenu, des suggestions de projets, ou même des thèmes pour tes prochaines publications.

Projets Participatifs :

Lance des projets participatifs. Crée des projets où ta communauté peut contribuer, que ce soit en fournissant du contenu, des designs, des histoires, ou d'autres éléments qui enrichissent ton univers créatif.

Concours Créatifs :

Organise des concours créatifs. Stimule la créativité en lançant des concours où les membres de ta communauté peuvent soumettre leurs propres créations en lien avec ton contenu.

Sondages et Votes :

Utilise des sondages et des votes. Implique ta communauté dans le processus décisionnel en leur permettant de voter pour le prochain thème, le prochain défi, ou d'autres aspects de ton contenu.

Partage d'Expériences :
Encourage le partage d'expériences. Invite tes followers à partager leurs expériences liées à ton contenu, que ce soit en réagissant à des questions, en fournissant des témoignages, ou en participant à des discussions.

Sessions de Questions-Réponses :
Organise des sessions de questions-réponses. Crée un espace où ta communauté peut poser des questions et obtenir des réponses directes, renforçant ainsi l'interaction et la connexion.

Fonctionnalités de Co-création :
Utilise les fonctionnalités de co-création des plateformes. Si disponibles, explore les options qui permettent à ta communauté de co-créer du contenu avec toi, comme des vidéos collaboratives ou des contributions directes.

Récompenses pour la Communauté :
Offre des récompenses à la communauté.
Que ce soit des fonctionnalités spéciales,
des avantages exclusifs, ou d'autres
récompenses, montre ton appréciation pour
la contribution de ta communauté.
Création d'Événements Virtuels :
Organise des événements virtuels. Que ce
soit des meetups en ligne, des sessions de
création en direct, ou d'autres événements
virtuels, crée des occasions pour interagir
en temps réel avec ta communauté.
Feedback Actif :
Sollicite le feedback actif. Encourage ta
communauté à donner leur avis sur tes
idées, tes projets, et les nouveautés que tu
envisages, créant ainsi une boucle de
rétroaction constante.

Chapitre Final : L'Éternel Voyage Créatif

En ce dernier chapitre, nous concluons ce périple créatif en soulignant l'aspect éternel du voyage que tu as entrepris en tant que créateur sur les réseaux sociaux.

La Créativité Comme Voyage Perpétuel :
La créativité est un voyage sans fin. Elle évolue, se transforme et se renouvelle constamment. Considère chaque création comme une étape dans ce voyage infini, avec des opportunités de croissance et d'exploration infinies.

Apprentissage Continu :
L'apprentissage est continu. Reste ouvert à de nouvelles idées, techniques et

technologies. L'éducation constante nourrit ta créativité et élargit les horizons de ton expression artistique.

L'Équilibre Entre Passion et Pragmatisme : Trouve l'équilibre entre passion et pragmatisme. Alors que la passion guide ta créativité, la réalité exige parfois des décisions pragmatiques. Trouve la voie qui te permet de poursuivre tes rêves tout en restant ancré dans la réalité.

La Puissance de la Communauté :
La communauté est une source de force. Le soutien de ton public et de tes pairs crée une énergie collaborative puissante. Continue de t'engager, d'écouter, et de grandir avec ceux qui partagent cette aventure créative.

Impact Positif et Responsabilité :
Reconnais l'impact de ton contenu et assume la responsabilité qui l'accompagne.

Cherche des moyens d'apporter une contribution positive au monde, en utilisant ta voix et ton talent pour inspirer, informer, et élever ceux qui te suivent.

Le Courage d'Innover :

Aie le courage d'innover. L'innovation nait de la volonté d'explorer l'inconnu. Sois audacieux dans tes idées, expérimente de nouvelles formes d'expression, et reste intrépide face à l'incertitude.

La Gratitude Comme Fondement :

La gratitude est le fondement. Sois reconnaissant pour chaque moment, chaque réussite, et même chaque défi rencontré. La gratitude alimente une perspective positive et te motive à continuer de créer avec passion.

Célébration des Progrès :

Célèbre les progrès, pas seulement les résultats finaux. Chaque petit pas dans ton parcours créatif compte. Apprécie le chemin autant que la destination.

Une Nouvelle Page à Écrire :

Chaque fin est le prélude d'un nouveau commencement. Alors que ce livre se ferme, une nouvelle page vierge s'ouvre pour toi. Continue d'écrire ton histoire créative avec enthousiasme, détermination et une soif inextinguible d'exploration.

Merci d'avoir partagé ce voyage créatif. Que chaque création futur résonne avec l'écho de l'inspiration et que chaque chapitre à venir soit plus riche en émotions, en apprentissages, et en créativité. Bon vent vers de nouvelles horizons créatifs.

Chapitre Final Bonus : Le Pouvoir de la Persévérance

En ce chapitre bonus, explorons le pouvoir de la persévérance dans le voyage créatif sur les réseaux sociaux.
Face aux Défis :
La persévérance t'a amené à surmonter des défis. Face aux critiques, aux obstacles techniques, ou aux périodes de doute, la persévérance est le carburant qui alimente la continuité de ton voyage créatif.
Évolution Personnelle et Professionnelle :
La persévérance conduit à l'évolution personnelle et professionnelle. Chaque moment de résilience, chaque fois où tu as

choisi de continuer malgré les difficultés, a contribué à ton développement en tant que créateur et individu.

La Construction d'une Marque Durable :
Une persévérance constante construit une marque durable. Au fil du temps, ta persévérance devient une partie intégrante de ta marque personnelle, générant la confiance de ton public et solidifiant ta place dans la communauté créative.

Création d'un Héritage Créatif :
La persévérance crée un héritage créatif. En persistant dans ta passion, tu contribues à façonner un héritage créatif qui va au-delà de tes créations individuelles, influençant les aspirants créateurs qui suivront tes traces.

Résilience Dans les Hauts et les Bas :
La persévérance offre la résilience dans les hauts et les bas. Les succès peuvent être

célébrés, mais c'est la persévérance qui te permet de naviguer à travers les moments difficiles sans perdre la foi dans ton parcours créatif.

Inspiration pour Ton Public :
Ta persévérance est une source d'inspiration. En partageant ton voyage avec authenticité, en mettant en lumière les défis surmontés, tu deviens une source d'inspiration pour ceux qui suivent ton travail.

Équilibre Entre Adaptabilité et Persistance :
Trouve l'équilibre entre adaptabilité et persistance. Sois ouvert aux changements, aux nouvelles idées, tout en maintenant la persévérance qui te pousse à rester fidèle à tes principes et à tes passions fondamentales.

Les Leçons des Échecs :

Les échecs sont des leçons, pas des arrêts. Chaque revers offre des opportunités d'apprentissage et de croissance. La persévérance te permet de tirer des leçons des échecs, transformant les obstacles en marchepieds vers le succès.

La Persévérance Comme Partenaire de Création :

La persévérance n'est pas seulement une qualité personnelle, mais un partenaire de création. Elle danse avec l'imagination, l'inspiration, et la discipline, créant une chorégraphie qui donne vie à des idées et les maintient en mouvement.

En embrassant le pouvoir de la persévérance, tu t'équipes pour un voyage créatif durable, rempli de réalisations et de découvertes. Que cette persévérance continue de guider chacun de tes pas créatifs.

Un Éternel Merci

Au terme de ce voyage créatif, un immense merci s'adresse à chaque lecteur, chaque follower, et à toute la communauté qui a participé à cette aventure. Ces remerciements sont gravés avec une profonde gratitude pour chacun qui a contribué, soutenu, et partagé ce voyage sur les réseaux sociaux.

À la Communauté Créative :
À la communauté créative qui a partagé ses idées, inspirations, et expériences, votre énergie collaborative a illuminé ce parcours créatif. Que notre échange d'idées et d'émotions continue d'enrichir nos créations respectives.

À Mes Admirateurs et Suiveurs :

À mes admirateurs et suiveurs, votre soutien indéfectible a été le moteur de chaque étape. Vos retours, encouragements et partages ont alimenté la passion qui a guidé ce voyage. Merci de faire partie de cette aventure.

Aux Collègues Créateurs :

Aux collègues créateurs qui ont partagé ce chemin, votre travail a été une source constante d'inspiration. Ensemble, nous avons tissé une toile de créativité qui transcende les frontières numériques.

À l'Équipe Technique et Créative :

À l'équipe technique et créative qui a rendu possible cette expérience, vos compétences et dévouement ont donné vie à cette exploration. Merci pour chaque ligne de code, chaque conception, et chaque effort qui a façonné ce voyage.

À Chaque Lecteur :

À chaque lecteur qui a pris le temps de parcourir ces pages, votre engagement a été l'étoile du nord de cette aventure. Que ces mots aient pu inspirer, informer, ou simplement divertir, c'est avec une profonde reconnaissance que je vous remercie.

À la Créativité Infinie :

Enfin, un remerciement à la créativité elle-même, une force infinie qui lie nos cœurs et esprits à travers des idées et des émotions partagées. Que la flamme créative continue de brûler avec intensité, illuminant nos vies de ses multiples couleurs.

Ce n'est pas la fin, mais plutôt un nouveau départ vers d'autres horizons créatifs. Merci de faire partie de cette communauté passionnée.

Que le prochain chapitre de vos aventures créatives soit encore plus riche en succès, en découvertes, et en épanouissement. Merci, et que la créativité continue de nous guider.Bonne chance a tous Signature Mr Martin Roussy vs MrFunnyCrazyVideo Tiktok Profil

www.ingramcontent.com/pod-product-compliance
Lightning Source LLC
Chambersburg PA
CBHW082129290526
45794CB00008B/2972